1277

28542

Roussillon

28.542

PROCÈS-VERBAL

DRESSÉ LE VINGT-DEUXIÈME JUILLET

1771 & jours fuivans, à la réquifition de l'Ordre
de la Noblesse de Rouffillon, par M. de BON, Confeiller du Roi en fes Confeils, Premier Préfident au
Confeil fouverain de Rouffillon, Intendant de la même Province & du Pays de Foix, Commiffaire en
cette partie, député par Arrêt du Confeil du 18 Novembre 1769, pour l'Inftruction de l'Inftance pendante pardevant le Roi & fon Confeil, entre ledit
Ordre, celui des Avocats de Perpignan, & le Corps
des Bourgeois honorables & immatriculés de la même
Ville :

*CONTENANT la vérification des Piéces d'un ancien
Procès jugé par Arrêt de la royale Audience de Catalogne du 12 Octobre 1620, entre les Syndics du Corps
de Ville de Perpignan & des Bourgeois immatriculés
d'une part; & ANTOINE-JEROME BOSCH & autres
Litis-Conforts, Bourgeois de la même Ville créés par
Lettres du Prince, d'autre part, &c.*

L'AN mil fept cent foixante-onze, & le vingt-deuxié-
me jour du mois de Juillet, à dix heures du matin,
P.·devant Nous LOUIS-GUILLAUME BON, Confeiller

A

du Roi en ſes Conſeils , Premier Préſident au Conſeil Souverain de Rouſſillon , Intendant de Juſtice, Police , Finances , & Fortifications de ladite Province & du Pays de Foix , Commiſſaire en cette partie , commis & ſubrogé au lieu & place des feu MM. de Jallais & d'Albaret , par Arrêt du Conſeil d'État du Roi , & Lettres patentes ſur icelui , du 18 Novembre 1769 ; à l'effet de nous employer à l'entiére exécution des Arrêts du Conſeil des 17 Octobre 1739 & 23 Mai 1741 , ſuivant les derniers erremens ; entendre contradictoirement les Parties intéreſſées qui comparoîtront & procéderont devant nous , par leurs Syndics , ou leurs Commiſſaires , leſquelles ſont dénommées dans ledit Arrêt du Conſeil ; & recevoir ce qu'elles jugeront à propos d'écrire & produire ſur leurs prétentions reſpectives ; dreſſer Procès-verbal des raiſons & de leurs Titres ; pour ledit Procès-verbal , Requêtes , Mémoires & Titres rapportés avec notre avis au Conſeil , être par Sa Majeſté ordonné ce qu'il appartiendra.

Ont comparu les Srs. Marquis d'Aguilar , Don Jean de Çagarriga , & Philippe de Boquet , Commiſſaires de l'Ordre de la Nobleſſe de Rouſſillon , avec les Srs. Marquis d'Oms & Don Antoine de Ros actuellement abſens de la Province , nommés par délibération dudit Ordre, retenue par Me. Jaume Notaire Royal & collégié de cette Ville le 2 Avril 1770 ; leſquels nous ont expoſé qu'en exécution de nôtre Ordonnance du premier de ce mois , rendue dans nôtre Procès-verbal du 27 Juin dernier & jours ſuivans , ils auroient fait aſſigner par Exploit de Feret , Huiſſier au Conſeil Souverain de Rouſſillon, du 12 de ce mois, contrôlé, le Corps des Bourgeois honorables & immatriculés de cette Ville; & pour lui ſes Syndics, en la perſonne du Sr. Joſeph Balalud St. Jean l'un d'entr'eux; & l'ordre des Avocats de cette Ville, pour lui ſes Bâtonnier & Commiſſaires, en la perſonne de Me. François Foſſa Bâtonnier, à comparoître pardevant Nous, cejourd'hui, en nôtre Hôtel, à neuf heures de matin préciſes; pour voir procéder à la vérification des Piéces contenues dans le Procès jugé par la royale Audience de Catalogne, en 1620, entre les Syndics de la Ville de Perpignan & des Bourgeois immatriculés, d'une part; & Antoine-Gerôme Boſch & pluſieurs autres Bourgeois de reſcrir, d'autre part: qu'en outre par le même Exploit, & en exécution de nôtredite Ordonnance, les Expoſans auroient fait faire commandement à Me. Joſeph Boſch Notaire, Sécrétaire - Greffier de l'Hôtel de Ville, de faire l'apport de la copie authentique des piéces dudit Procès, qui eſt dépoſée aux Archives de l'Hôtel de Ville; pour être du tout, ainſi que des dires & réquiſitions des Parties, dreſſé Procès-verbal, ainſi qu'il appartiendroit.

Et attendu qu'il eſt neuf heures ſonnées; que ledit Sécrétaire-Greffier de l'Hôtel de Ville ici préſent a fait l'apport de la copie authentique des piéces dudit Procès mentionnée en notredite Ordonnance; que les Bâtonnier & Commiſſaires de l'Ordre des Avocats ſont ici préſens; & que les Syndics dudit Corps des Bourgeois honorables & immatriculés n'ont pas comparu; ayant même déclaré par acte notifié aux Expoſans, au domicile de leur Procureur , par Exploit de Sola , Huiffier , du 20 de ce mois , qu'ils ne comparoîtroient pas fur ladite affignation ; les Expofans nous ont fupplié de leur accorder défaut contre ledit Corps & fes Syndics non comparans ; & pour l'utilité dudit défaut, d'ordonner qu'il fera de fuite procédé à la vérification par nous ordonnée le premier de ce mois ; à quoi lefdits Bâtonnier & Commiffaires de l'Ordre des Avocats ont déclaré adhérer ; & ont figné. *Signés* , Le Marquis d'AGUILLAR , Don JEAN DE ÇAGARRIGA , DE BOQUET , FOSSA , DE VILAR-HAMS , A. JAUBERT , J. JAUME.

SUR quoi , nous Premier Préfident , Intendant & Commiffaire fufdit , avons accordé défaut auxdits Commiffaires de la Nobleffe , contre ledit Corps des Bourgeois ou Citoyens Nobles , & fes Syndics non comparans ; & pour l'utilité dudit défaut , avons ordonné & ordonnons , qu'il fera de fuite procédé à la vérification des Piéces dudit Procès ; & en conféquence , avons enjoint audit Me. Bofch Sécrétaire-Greffier de l'Hôtel de Ville de nous les exhiber ; & avons figné. *figné* BON.

ET de fuite , ledit Me. Bofch nous a fait l'exhibition d'un Manufcrit *in-folio* , relié , couvert en Parchemin , dont les feuilles font numérotées depuis fol. 1 , jufqu'à fol. 373 ; lequel Manufcrit commence par ces mots qui font en titre au fol. 1er. : *extraçta ab originali proceffu ducto in regiá Audientiá ad relationem Magnifici Hieronimi Torner , &c.* Et finit ainfi :

COPIA hujufmodi his tercentum feptuaginta papiri

*foliis (præfenti interclufo) fumpta & extracta fuit ob
ejus originali procejfüs in regiâ Audientiâ actitato inter
Antonium Hieronimum Bofch , Burgenfem Villæ Perpiniani ex unâ , & Syndicum Villæ Perpiniani ex alterâ ,
ad relationem magnifici Balthazaris Morell, U. J. D. &
de Regio Confilio , & cum eodem comprobata. Et ut eïdem copiæ fides detur, ego Francifcus Trobat S. C. &
Regiæ Majeftatis Scriba pariter , nec non ordinarius &
publicus Notarius , Barcin. Populatus , hic meum appono
fignum.*

A LA tête duquel Manufcrit on trouve, à la deuxiéme feuille non numérotée, en Catalan , le titre dudit
Procès , commencé le premier Juillet 1616 , fur la
demande formée par Antoine-Gerôme Bofch & autres
litis-Conforts , Bourgeois de refcrit , contre la Communauté de la Ville de Perpignan , & les Bourgeois
immatriculés d'icelle , pardevant la royale Audience
de Catalogne , terminé par Arrêt rendu en faveur de
ladite Communauté & defdits Bourgeois immatriculés ,
contre ledit Bofch & autres Bourgeois de refcrit, le 12
Octobre 1620 ; enfuite deux feuilles en blanc fans
Nᵒ. ; fucceffivement , trois Mémoires imprimés , également fans Nᵒ. de folio ni de pages ; & enfin une table
alphabétique des Piéces qui font contenues dans ledit
Procès : nous déclarant que c'eft là la copie authentique du Procès énoncé dans nôtre Ordonnance du 1ᵉʳ.
de ce mois , collationnée avec paraphe par ledit Trobat
Notaire-Greffier , dépofée aux Archives de l'Hôtel
de Ville.

ET de fuite , lefdits Srs. Commiffaires de l'Ordre de

la Nobeſſe nous ont repréſenté que l'Inſtance pendante entre Parties a commencé par une Requête au Roi , envoyée à M. d'Argenvilliers Sécrétaire d'État au mois de Juillet 1738 , par les Syndics des Bourgeois honorés , mentionnée dans le Verbal dreſſé par le Sr. Peyrottes Subdélégué général de l'Intendance de Rouſſillon du 9 Novembre 1739 , qui eſt encore dépoſée au Bureau de l'Intendance.

Que dans cette Requête , les Bourgeois honorés expoſerent au Roi : *qu'avant l'an 1599 , ils n'avoient qu'une Nobleſſe d'opinion & de jouiſſance , à laquelle il manquoit une Nobleſſe réelle émanée de l'autorité ſouveraine ; qu'ils prétendirent leur avoir été accordée par Philippe III Roi d'Eſpagne , dans le privilège donné à Barcelone le 13 Juillet 1599.*

Qu'ils changerent de ſyſtême dans le Verbal dreſſé par M. d'Albaret notre Prédéceſſeur ; dans lequel ils déclarerent *ſe départir de tout ce qu'ils avoient dit de moins exact dans leur premiére Requéte , ſur l'eſpece & l'origine de leur Nobleſſe prétendue ; s'en rapportant uniquement à la Requéte au Roi de 24 pages d'impreſſion , grand-in-folio , & au Mémoire y joint de 88 , imprimés à Perpignan , chez Reynier , en 1742 ,* dont ils firent production.

Que depuis , le Sr. Abbé Xaupi , chargé par les délibérations du Conſeil de Ville du 27 Juillet & 19 Août 1766 , de ſolliciter le dernier Réglement municipal du mois d'Août 1768 , y auroit fait inſérer , au préjudice de l'ancienne litiſpendance , des diſpoſitions étrangéres à l'objet de cette Loi , attributives de Nobleſſe en faveur des Bourgeois honorés , dont il étoit l'Agent depuis 1740 ; contre leſquelles l'Ordre de la Nobleſſe a cru devoir réclamer.

QUE dans la derniére Requête imprimée, ſignée de l'Abbé Xaupi & de ſept autres Syndics dudit Corps , remiſe au Bureau de l'Intendance le 31 Juillet de l'année derniére , les mêmes Syndics ont déclaré *défavouer*, *révoquer & rétracter la Requête & le Mémoire in-folio* , imprimés en 1742 ; ils nous ont demandé Acte *de ce défaveu , révocation & rétractation* , qui prouvent combien leur ſyſtême eſt érronné ; & ils ont fait production du livre des recherches du Sr. Abbé Xaupi , imprimé à Paris chez Nyon en 1763 ; lequel Écrivain s'eſt encore déclaré , dans la même Requête , l'Auteur des deux Ouvrages anonymes, dont la ſuppreſſion a été ordonnée par l'Arrêt du Conſeil Souverain de Rouſſillon du 29 Novembre 1769 , que l'Ordre des Avocats a produit dans notre Procès-verbal du 27 Juin & jours ſuivans.

QUE dans tous ces Imprimés , l'Écrivain des Bourgeois honorés leur prête une Nobleſſe idéale , *depuis l'expulſion des Sarraſins* ; qu'il prétend faire dériver de la conſtitution du Gouvernement & du Droit public de la Principauté de Catalogne. Il a érigé en titres de Chevalerie, les privilèges reſpectivement accordés aux Citoyens de Barcelone & aux Bourgeois de Perpignan , en 1510 & en 1599 ; & il leur attribue une poſſeſſion conſtante de Nobilité.

QUE dans le ſuſdit livre de Recherches on lit, à la page 75 , que l'expreſſion catalane *henrat* , en latin , *honoratus* , *n'eſt rendue qu'imparfaitement par le terme de Noble ..... qu'elle eſt tout au moins une indication de Nobleſſe.*

Qu'a la page 272 du même livre on a dit » que » le Titre de *Moſſen* eſt donné dans les Régiſtres de » la Ville de Perpignan à André Réart & autres vingt- » ſix Citoyens nobles prétendus , qu'on a ſuppoſé » créés Chevaliers en 1599 ; & que le prénom de » *Moſſen eſt un caraĉtere indubitable de Nobleſſe.*

Qu'a la page 193 du même livre, on a ſuppoſé que les anciens Souverains ont donné à pluſieurs Particuliers *des Lettres de Citoyen noble de Perpignan ,* & que *le premier Privilège que nous connoiſſons, eſt celui que Charles-Quint donna à Jacques Antich Trinyach en* 1542.

Qu'on a rapporté avec emphaſe , à la page 139 & ſuivante , une traduĉtion peu exaĉte & tronquée des ſuſdites Lettres de Trinyach : qu'on y a prétendu » qu'el- » les forment la preuve de la Nobleſſe des Citoyens » la plus complette qu'il ſoit poſſible d'imaginer » ; ſur les motifs que le Prince y éleve Trinyach à l'honneur & état de généroſité en ces termes : *Voſque Burgen- ſes...* (ces expreſſions ſont omiſes dans le livre des recherches , ainſi que la clauſe précédente , *ad Burgen- ſis honorem extollimus.*) *Honore ſtatu & conditione ge- neroſâ , de Burgenſi , decoramus & extollimus :* que dans une clauſe ſuivante l'Empereur accorde à l'Impé- trant *toutes les prérogatives des Chevaliers & des hommes de parage :* qu'il *lui attribue à lui & à toute ſa poſté- rité , tant pour les biens que pour les perſonnes , toutes*

les

les prééminences dont jouiffent les Nobles , non feule-
ment de fes différens états , mais encore de tous les au-
tres pays du monde , de quelque maniére que ce foit.

QUE les Expofans ont fait imprimer l'année derniére , un Mémoire contenant des obfervations fur le
droit public de la Principauté de Catalogne & du
Comté de Rouffillon , *pour fervir à l'entiére réfutation*
des Écrits du Sr. Abbé Xaupi fur la prétendue No-
bleffe des Bourgeois honorés de Perpignan & de Bar-
celone.

QUE dans cet Imprimé , les Expofans ont remarqué en premier lieu , aux pages 2 & 3 , que la royale
Audience de Barcelone & les Jurifconfultes du Pays
n'ont jamais envifagé les Citoyens ou Bourgeois honorés , que comme des perfonnes qui *vivoient honorable-*
ment du revenu de leurs biens , ou du produit d'un
commerce en gros , fans aucun travail de leurs mains :
qu'avant l'établiffement des Matricules , qui fervirent à
diftinguer les différens ordres des Habitans , la qualité
d'Honoré étoit déférée *par la feule opinion publique ,*
aux riches Négocians & aux Bourgeois vivans de
leur revenu ; ainfi qu'il eft exprimé dans les Lettres
Patentes de Pierre IV. ROI d'Aragon de 1346 , portant réglement pour l'adminiftration municipale de Perpignan , produites en l'Inftance par l'ordre des Avocats :
fub manu majori comprehendantur Burgenfes & Mercato-
res vitam honorabilem juxtà vulgi opinionem facientes ;
& que par conféquent cette qualité , *originairement dé-*
pendante de l'opinion & du préjugé , ne pouvoit être une
indication de Nobleffe.

B

En second lieu, les Expofans ont remarqué dans led. Imprimé, p. 3, & pp. 85 & 87, que dans les Réglemens municipaux donnés par les anciens Souverains en 1402, 1419, & 1431, il fut également ordonné « que » la main majeure feroit compofée de Bourgeois & » Mercadiers honorés, *dels Burgefos y Mercaders honrats*; que par conféquent cette qualité étant commune aux Mercadiers, qui ne forment depuis le Réglement de 1449 que *la main mitoyenne*, ou le fecond Ordre des Habitans, elle ne peut être une indication de Nobleffe.

En troifiéme lieu, ils ont obfervé que dans toutes les Lettres de *Bourgeois honoré*, accordées par le Roi d'Efpagne, même depuis le prétendu titre de Chevalerie du 13 Juillet 1599, on lit pour motif de la conceffion que l'Impétrant étoit né des *Parens honorés* : (c'eft ce qu'expriment les piéces cotées des lettres O, P, Q & R produites en l'Inftance par la Nobleffe.) Or les Ancêtres du Bourgeois honoré créé par ces Lettres, étant inconteftablement Roturiers, il eft évident que la qualité d'honorés qui leur eft donnée ne peut point être confidérée comme *une indication de Nobleffe.*

En quatriéme lieu, ils ont établi dans ledit Imprimé depuis la p. 129, jufqu'à la page 145, que dans tout le Royaume d'Aragon, & en particulier dans la Catalogne & le Rouffillon, l'adminiftration municipale étoit interdite aux Nobles, par la difpofition des Loix publiques & des Réglemens généraux : que Pierre IV. Roi d'Aragon (troifième Comte de Barcelone de ce nom, qualité en laquelle les Rois d'Aragon régnoient en Catalogne) dans fa Conftitution donnée aux Etats de Monçon, de 1363, ordonna à tous les Anoblis, *de recevoir la Chevalerie dans l'année . . . faute de quoi, ils ne feroient plus tenus pour généreux;* fur ce motif exprimé dans la même loi tranfcrit audit Livre des Recherches, p. 147, que *plufieurs impétroient des Lettres de générofité, pour fe fouftraire aux charges des Villes;* d'où les Jurifconfultes nationaux ont unanimement inféré que l'adminiftration des Villes étoit incompatible avec la Générofité ou fimple Nobleffe : que telle fut en particulier la difpofition littérale des Réglemens municipaux de Perpignan jufques à 1601 : que Don Sanche Roi de Majorque, Comte de Rouffillon, dans fes Lettres patentes de 1322, exprimoit que les *Perfonnes généreufes ne pouvoient être cenfées Hommes de Perpignan* : que Pierre IV Roi d'Aragon dans le privilège accordé à la Ville la veille des Nones de Décembre 1347, inféré au Régiftre de l'Hôtel de ville appellé *Livre verd mineur*, fol. 201, en affujettiffant les Commenfaux de la Maifon du Roi ou de la Reine, & les autres Privilégiés aux charges de la Commune, en excepta ainfi les Généreux : *qui tamen non fint . . . generofi :* qu'il eft convenu dans ledit livre des Recherches, p. 158 & 159, que *fuivant l'Ordonnance du Roi Martin* de 1402, *ceux qui n'étoient pas du for du Baillif de Perpignan, n'étoient pas admis aux Charges de l'Hôtel de Ville; que* les Bourgeois honorés étoient *fes jufticiables comme le refte des Habitans* plébéiens ; qu'en conféquence « douze » Bourgeois créés Chevaliers par Charles-Quint en 1528 » furent exclus de l'adminiftration municipale par Arrêt » de la royale Audience de Catalogne du 27 Septem- » bre 1529, parce que les *Chevaliers étoient jufticiables*

» *du Viguier,* & que pour continuer les fonctions mu-
» nicipales, ils devoient rentrer sous la Jurisdiction du
» *Baillif & renoncer à la Chevalerie* » : que les Exposans
ont démontré dans leurdit imprimé p. 126 & suivante,
par la teneur littérale des Loix publiques, que tous les
généreux ou Nobles étoient exempts de la Jurisdiction
des Baillifs ; d'où il suit que les Bourgeois justiciables du
Baillif de Perpignan étoient nécessairement Roturiers :
que le Corps municipal l'avoit tellement compris, qu'il
avoit fait statuer, en 1434, « que le Bourgeois qui feroit
» quelque aliénation en faveur *des Personnes généreuses,*
» payeroit, sur ses autres biens, cinq sols par livre du
» prix des Biens aliénés en faveur des Nobles : qu'il est
avéré dans led. Livre des Recherches, p. 247, que les
Bourgeois ayant voulu aggréger à l'Hôtel de ville les
Nobles, pour être eux-mêmes reçus à la Confrérie de
St. George, *Philippe II. cassa cette association en 1580,
par un ordre absolu ; les Chevaliers ne devant pas être membres de l'Hôtel de ville, étant justiciables du Viguier :*
qu'il fallut des Lettres patentes données au nom du Souverain par le Vice-Roi de Catalogne le 12 Octobre 1601,
(c'est la pièce cotée des let. QQ, produite par la Noblesse)
pour lever l'obstacle qui avoit empêché jusques alors
l'admission des Nobles au Gouvernement municipal ;
d'où l'on doit nécessairement conclure que les Bourgeois
qui avoient toujours formé le premier ordre de la Commune, jusqu'en 1449 avec les Mercadiers, & depuis avec
les Gradués, étoient dans un état évident de Roture. Que
le Réglement de 1601 associa les Nobles aux Bourgeois
honorés, *parmi lesquels étoient compris les Docteurs en*

Droit, aux termes du même Réglement, fans confondre deux états oppofés : qu'il y fut ordonné que *les Nobles de différentes claffes feroient infaculés dans des Bourfes particulieres*, ainfi étiquetées, *Bolfes de Militars* ; tandis que les Bourgeois & les Gradués, jufqu'à la publication de l'Edit du mois d'Août 1768, font demeurés *confufément* infaculés dans les mêmes bourfes, étiquetées , *Bourfes des Bourgeois* ; qu'il fut encore ordonné dans le même Réglement que les Nobles admis alors au Gouvernement municipal , *ne pourroient point être élus Syndics de la Communauté pour les Etats généraux , ni affifter aux Confeils de Ville où feroient délibérées ces députations ,* qui ont toujours été remplies par les Bourgeois honorés , confondus ainfi dans les affemblées nationales parmi les Repréfentans du tiers Etat. Qu'il eft prouvé par un Extrait du Régiftre des infaculations de 1658 & 1662 , coté des Let. RR , produit en l'Inftance, que lorfque des Bourgeois honorés ont été anoblis par des Lettres du Prince, on les a tirés des bourfes *des Bourgeois* comme *ayant changé d'état.* Que l'état des Bourgeois de Perpignan fe trouve fixé dans les Arrêts du Confeil rendus en Réglement pour leur élection en 1672 , en 1714 , en 1733 , à un fimple droit de Bourgeoifie, dépendant du patrimoine & du domicile, & affujetti à l'immatriculation dans un Régitre de Ville , qui fe renouvelle à chaque Génération , ainfi que nous l'avons obfervé dans notre Procès-verbal du 27 Juin dernier & autres jours fuivans ; qui conftate encore que jufqu'à 1705 les Bourgeois immatriculés , dans leurs Matricules , n'ont jamais pris la qualification de Nobles , & que depuis ils ont fans ceffe varié. Que dans l'Arrêt du Confeil de 1735, dans l'Ordonnance du Roi de la même année, concernant la levée des Milices de Perpignan, & dans l'Arrêt du Confeil fouverain de Rouffillon du 2 Juillet 1766, on voit encore l'état des *Bourgeois honorés* en oppofition avec celui *des Gentilshommes* ; & qu'ainfi la difpofition conftante & invariable des Réglemens conftitutifs de l'état des Bourgeois de Perpignan, réfifte à la Nobleffe qu'ils veulent s'arroger.

En cinquiéme lieu, les Expofans ont obfervé dans leur Imprimé, p. 143 & fuivantes, que le diplôme accordé à Trinyac en 1542, préfente un ambigu de Lettres de Bourgeoifie & de Nobleffe qui n'avoit jamais eu de modèle, qui n'eut aucun effet, & qui n'a été fuivi d'aucun exemple; puifqu'il eft avéré dans ledit livre des Recherches, p. 193 & fuiv. que les lettres expédiées immédiatement après, en faveur de Pierre Cohors le 20 Octobre 1547, *font d'une forme différente* ; « que le » Prince crée fimplement l'Impétrant Bourgeois honora- » ble, *Burgenfem honoratum*, (les Lettres portent *Burgenfem* fans qualification.) « enfemble fes Enfans nés & » à naître, avec toute leur pofterité; qu'il l'aggrége aux » autres Citoyens, (les lettres portent *Bourgeois*) & lui » en donne tous les droits, honneur & priviléges; & que » cette formule a été conftamment fuivie dans toutes les » créations poftérieures faites par les Rois d'Efpagne & » par les Rois de France ». Telle eft encore la forme des Letttes accordées au Sr. Faucond au mois de Novembre 1768, produites en l'Inftance, pour prouver que le ftyle de la Chancellerie n'a pas varié depuis la furprife

faîte au Gouvernement par l'Agent des Bourgeois honorés, qui a donné le projet de l'Édit du mois d'Août
1768, où il leur a fait attribuer la qualification de *Citoyens
nobles*, qui leur étoit contestée dans l'ancienne Instance pendante pardevant le Roi & son Conseil depuis 1739.

En sixiéme lieu, les Exposans dans leur Imprimé,
depuis la page 200 jusques à la p. 207, ont établi la
forme caractéristique des lettres de Noblesse accordées
par les anciens Souverains & par nos Rois : que dans
toutes ces Lettres le Prince tire l'Impétrant de son premier état, pour le placer dans celui des Nobles, en lui
accordant expressément le titre & la qualification de *Généreux, Chevalier* ou *Noble* : que ce changement d'état
est exprimé dans toutes les Lettres d'anoblissement an-
ciennes & modernes : qu'on y voit constamment l'attribution des prérogatives de la Noblesse comme un pur
accessoire du titre concédé : que cette attribution n'est
jamais bornée aux prérogatives attachées à l'ordre de la
Noblesse par les Loix ou les Usages particuliers de quelque Province : que les Souverains ont toujours concédé
aux Anoblis les franchises & immunités des Nobles de
leurs états : qu'en 1599, il étoit d'usage en Catalogne
que les Lettres de Chevalerie ou Anoblissement expri-
moient la concession des Armoiries : qu'enfin ces Lettres
étoient adressées par les Rois d'Espagne à toutes les Cours,
à tous les Officiers civils & militaires, & à tous les Nobles de leurs vastes États. Or les Exposans ont démontré
dans leur imprimé depuis la p. 207 jusqu'à la p. 266,
que le privilége accordé par Ferdinand II. aux Citoyens
de Barcelone en 1510, dont les *Consuls & les Prud'hom-*

*mes de la Cité obtinrent la confirmation de Philippe III.
le 13 Juillet 1599*, communiqué depuis aux Bourgeois
majeurs de Perpignan & de plufieurs autres villes de
Catalogne, ne préfente pas les caracteres effentiels aux
Lettres de Chevalerie ; puifqu'on n'y voit nullement le
titre de Noble accordé aux Citoyens de Barcelone, nul
changement de leur état plébéien & de leur qualification
primitive ; que le Prince, en les laiffant dans leur
état précédent de roture, leur accorde uniquement,
fous leur ancienne dénomination de Citoyens honorés,
dépendante de l'immatriculation dans un Régitre municipal, délibérée dans une affemblée convoquée & pré-
fidée par les Officiers municipaux, *pour l'avenir*, (*DE
CŒTERO*) *une pure jouiffance des prérogatives des Nobles
& dont les perfonnes*, *qui*, fans avoir la réalité de la
Noblesse, *font cenfées être de l'état des Nobles*, (les
Plébéiens poffesseurs des terres en Juftice & les Gradués)
*jouiffent en Catalogne, taxativement, fuivant le Droit com-
mun & les ufages. particuliers de cette Principauté ;* privilége local adreffé aux feuls Officiers de cette Principauté ; privilége confirmé au Corps municipal le 13
Juillet 1599 ; le même jour que Philippe III anoblit
en pleins États Jofeph Maduxer *ancien Citoyen honoré
de Barcelone*, *Parent & allié de plufieurs Nobles*, par
des Lettres de Chevalerie, *qui*, de l'aveu de nos Bourgeois, dans leur Requête au Roi, imprimée en 1742,
p. 5, *depuis la conftitution de 1363*, *ne fervent plus que
pour introduire un Roturier dans le Corps de la Nobleffe.*

LES Expofans ont encore mis en évidence, audit
Imprimé, depuis la p. 267, jufqu'à la p. 298, qu'il
n'eft

n'eſt pas poſſible de confondre avec des Lettres de Chevalerie, le privilège du 15 Juillet 1599, où les *Bourgeois*
de Perpignan , *ſous cette dénomination plébéienne ,* obtinrent pour l'avenir, *de cætero ,* les prérogatives des
Citoyens de Barcelone ; ſurtout d'après la déclaration
interprétative de ce diplôme , donnée par le Souverain le 23 Décembre de la même année , ſur la ſupplication de leur Député ; portant que *cette conceſſion
ſeroit cenſée faite au Corps de Ville* : que le *Réglement
de 1449* (qui les aſſujetit à la Matricule , & leurs
Enfans à être de nouveau immatriculés avec la même
diſcuſſion , & permet au Corps municipal de rayer
les Immatriculés du livre des Matricules) *ſeroit obſervé ſelon ſa forme & teneur* : & qu'ils ſeroient toujours
tenus pour véritables Bourgeois (*pro veris Burgenſibus
habeantur*). Que c'eſt en cette qualité que nos Privilégiés continuerent de ſe préſenter aux Conſeils de
Ville , en aſſûrant *qu'ils n'avoient pas changé d'État* :
qu'ils le ſoutinrent pardevant le Vice-Roi & la royale
Audience de Catalogne : qu'en cette qualité de *Bourgeois* , ils furent rétablis dans l'adminiſtration municipale , par la Tranſaction du 12 Septembre 1601 ,
produite en l'Inſtance ; à condition que le Réglement
de 1499 (qui les uniſſoit aux Docteurs en Droit)
continueroit d'être exécuté : & qu'il l'a été réellement
juſqu'en 1768. Les Expoſans ont enfin démontré audit
Imprimé, p. 362 & ſuivantes , la différence des Lettres
de Nobleſſe , aux Lettres de Bourgeoiſie , où le Prince
ne créé point l'Impétrant noble , mais *Bourgeois honorable & immatriculé ;* ne l'agrége point *au Corps de la*

C

Nobleſſe , mais à *celui des autres Bourgeois honorables & immatriculés ;* ne lui attribue point les prérogatives *des Nobles du Royaume* , mais taxativement celle des *Bourgeois immatriculés* , *en dérogeant aux Réglemens & Privilèges de la Ville à ce contraires ;* & où l'on ne trouve jamais, en aucun temps, aucune conceſſion d'armoiries.

EN ſeptiéme lieu , les Expoſans ont remarqué audit Imprimé , depuis la p. 153 juſqu'à la p. 156 , que depuis les prétendus *Titres de Chevalerie* de 1510 & 1599 , nos ROIS & les ROIS catholiques ont anobli, par des Lettres particuliéres, une infinité de Bourgeois honorés ; Anobliſſemens qui démontrent que la Nobleſſe n'eſt pas inhérente à cet état de Bourgeoiſie.

EN huitiéme lieu , les Expoſans ont démontré dans la premiére partie de leur Imprimé , que les Bourgeois honorés de Catalogne ont toujours été les repréſentans du tiers état aux aſſemblées nationales : qu'ils furent exclus de la poſſeſſion des Fiefs lorſqu'elle étoit l'unique principe de la Nobleſſe : qu'ils ne furent admis à les poſſéder, pluſieurs ſiécles après, qu'avec des marques de roture , ſans participer jamais à la principale prérogative du Droit féodal : que leur prétendue Nobleſſe n'a aucun fondement dans les Loix publiques ni les Réglemens généraux de Catalogne & de Rouſſillon. Il a été particuliérement établi audit Imprimé, depuis la p. 146 , juſqu'à la p. 160, que poſtérieurement aux prétendus Titres de Chevalerie , les Bourgeois honorés n'ont été déſignés dans les Loix publiques, les Réglemens, les déciſions de la royale Audience , les Écrits des

Jurifconfultes nationaux , & dans les Lettres d'anobliffement accordées à certains d'entr'eux , que comme
des *jouiffans des prérogatives de la Nobleffe.*

En neuviéme lieu , les Expofans ont fait voir audit
Imprimé , p. 24 & 192 , & depuis la p. 374 jufqu'à
la p. 406 , que les Bourgeois honorés ne fe trouvent
point compris dans le Tableau de la Nobleffe catalane
tracé dans les Loix publiques : qu'ils n'ont jamais formé aucune de fes claffes : & que s'ils ont été
admis à des pieufes affociations des Nobles de Rouffillon & de Catalogne , depuis l'agrégation des Nobles
au Gouvernement municipal , ils n'ont figuré *dans ces
Confréries* , que comme des Membres hétérogènes , fous
leur dénomination plébéïenne : que la Tranfaction du 16
Octobre 1601 , paffée entre les Nobles de Perpignan
& le Corps municipal , cottée de Let. SS , produite
en l'Inftance , exprime cette proteftation : » que la
» Nobleffe n'entendoit recevoir à la Confrérie de St.
» George , *les Bourgeois immatriculés* , (ceux de ref-
» crit n'y furent jamais reçus.) Que *par une correfpon-
» dance de courtoifie , & autant que les Nobles demeure-
» roient agrégés au Corps* municipal ». Que depuis l'extinction de cette Société , la Nobleffe de Rouffillon n'a
jamais admis , dans aucune de fes affemblées, les Bourgeois
honorés.

1°. Enfin , les Expofans ont établi dans leur Imprimé , p. 297 & fuiv. que les Titres conftitutifs des
prérogatives des Bourgeois honorés , & la teneur uni-
forme des Réglemens jufqu'en 1760 , les réduifant à
la qualité de *Bourgeois*, qui ne peut jamais s'allier avec

une Nobleſſe réelle, c'eſt vainement qu'ils ont emprunté la qualité de Noble : qu'il a été jugé par les Commiſſaires nommés pour la pourſuite des faux Nobles dans le Royaume, que *la qualification de Noble Bourgeois eſt une preuve de roture*, , ainſi qu'ils en ont eux-memes convenu dans leur premiere Requête. D'ailleurs les Expoſans ont diſcuté en détail, dans la troiſiéme partie de leur Imprimé, tous les prétendus Actes poſſeſſoires de Nobleſſe allegués par les Bourgeois honorés ; & ils en ont démontré l'illuſion.

Pour donner un nouveau dégré de force à l'évidence des preuves des dix obſervations précédentes, extraites dudit Imprimé, les Expoſans nous ont réquis & ſupplié d'obſerver & vérifier ſur la copie authentique dudit Procès jugé en 1620, qui vient de nous être exhibée par le Sécrétaire-Greffier de l'Hôtel de Ville,

1°. Que dans la table alphabétique des piéces contenues audit Procès, let. P, la conceſſion faite par le Roi Ferdinand aux Citoyens honorés de Barcelone le 31 Août 1510, & la confirmation d'icelle accordée aux Conſuls & Prud'hommes de la même cité, le 13 Juillet 1599, ſont cotées dans les termes ſuivans, qui préſentent la ſimple dénomination *de Citoyens honorés jouiſſans des prérogatives des Nobles.*

Privilegi concedit per lo Rei Don Ferrando als Ciutadans honrats de Barcelona, dat en Monſo à 31 de Agoſt 1510 ; y ampliacio y confirmatio de aquell dada en Barcelona à 13 de Juliol 1599, de poder fer & crear Ciutadans honrats qui goſan de les prérogatives dels Militars. F. 164.

20. Que les concessions faites aux *Bourgeois de Per-pignan* en 1599, se trouvent immédiatement avant, cottées dans la même table alphabétique ainsi qu'il s'ensuit :

PRIVILEGI que los Burgesos matriculats de Perpinya, fills, nets y descendens, y no altres gosan dels privilegis concedits als Ciutadans honrats de Barcelona, dat en Barcelona à 13 de Juliol 1599 ; y la confirmatio y ampliatio de aquell feta en favor dels Burgesos qui per avant serant matriculats segons lo privilegi de la REINE Dona Maria, dat en Madrid als 23 de Décembre 1599. F. 153.

3°. Qu'au folio de n°. 1 & suivans de la copie authentique dudit Procès, on trouve un privilège de *Mercadier honoré* de Perpignan, accordé à Bérenger Vallespir, pour cause de Services militaires, donné à Montçon par Philippe Prince des Asturies & de Girone, Lieutenant-Général de la Principauté de Catalogne & des Comtés de Roussillon & de Cerdagne, pour l'Empereur Charles-Quint son pere, le 18 Décembre 1547, conçu en ces termes : *aucthoritate & potestate Regiâ pleni-ssimâ quâ fungimur, te dictum Berengarium Vallespir, Mercatorem matriculatum & personam honoratam prædicti oppidi Perpiniani, facimus, constituimus, creamus & de-putamus, teque ad gradum Mercatoris matriculati & per-sonæ honoratæ prædicti oppidi extollimus erigimus ; alio-rumque Mercatorum matriculatorum & honoratarum Per-sonarum cætui & numero unimus, adjungimus & aggre-gamus,* &c. que le Prince accorde ensuite à l'Impétrant la faculté de prendre le titre & de nom de *Mercadier immatriculé & de perſonne honorée* ; lui attribue toutes les prérogatives, prééminences, honneurs, & immunités dont jouiſſent les autres Mercadiers immatriculés ; & adreſſe le privilège au Lieutenant-Capitaine-Général de ladite Principauté & deſdits Comtés , à tous les Officiers civils & militaires des deux Provinces , notamment au Viguier de Rouſſillon , au Bailli , & aux Conſuls de Perpignan.

4°. Qu'au folio 5 , *recto* , dudit Procès, on lit deux fois , *Moſſen Berenguer Valleſpir* ; & le titre de *Moſſen* eſt ainſi donné à un ſimple Mercadier créé par le Prince.

5°. Qu'au folio 36 & ſuivans dudit Procès , on trouve des Lettres de Bourgeois de Perpignan , accordées à Michel Riu , par l'Empereur Charles-Quint & la Reine Jeanne ſa mere , données à Tolede le 11 Fevrier 1539, dans leſquelles ces Princes créent ſimplement l'Impétrant & ſa poſtérité *Bourgeois de Perpignan* , ſans aucune qualification ; l'agrégent au Corps *des autres Bourgeois* ; lui attribuent toutes les autres prérogatives, immunités, franchiſes & exemptions *des autres Bourgeois* ; enjoignent au Prince des Aſturies & de Gironne, & à tous les autres Officiers civils & militaires de la Principauté de Catalogne & des Comtés de Rouſſillon & de Cerdagne , taxativement , de reconnoître & faire reconnoître l'Impétrant & ſa poſtérité pour *Bourgeois* , à perpétuité, & de les faire jouir des ſuſdits privilèges, honneurs, & franchiſes ; ſans *élever l'Impétrant à l'honneur ou état de généroſité* ou de Chevalerie ; ſans lui attribuer les prérogatives des Généreux , Nobles , ou

Chevaliers , ou hommes de parage ; fans adreffer ces Lettres ni aux Cours fouveraines , ni aux Officiers civils & militaires , ni aux Nobles de leurs autres états.

6°. QUE les Lettres (ou privilège) de *Bourgeois de Perpignan ,* accordées à Pierre Cohorts , défigné à la marge fous le nom de *Corts,* le 20 Octobre 1547 , par le même Prince Philippe , ès dites qualités , tranf-crites audit Procès, f. 172 & fuivans , font de la même teneur que celles énoncées au précédent article ; & ren-ferment au furplus une dérogation particuliére aux privi-lèges & réglemens de ladite Ville ; & font encore adreffées *aux Confuls , Prud'hommes & Communauté de la même Ville.*

7°. QUE les Lettres ou privilège de *Bourgeois de Perpignan,* accordées par Philippe II ROI d'Efpagne , à Pierre Llobet, à Ville-franche-de-Panadès , le 27 Mars 1564 , tranfcrites audit Procès, f. 170 v°. & fuivant, font conçues dans la même forme que celles dudit Cohorts ; à la feule exception que le Prince crée l'Im-pétrant Bourgeois honoré , *Burgenfem honoratum ,* & donne la même qualification aux *Bourgeois* de la même Ville , auxquels il affocie l'Impétrant.

8°. que les Lettres accordées par le même Prince à Jerôme Baldo , données à Madrid le 29 Juin 1567 , tranfcrites audit Procès, f. 174 & fuivans , font conçues dans les mêmes termes que celles de Pierre Llobet , énoncées au précédent article.

9°. QUE les Letttres accordées par le même Prince , à Jean Bolet , données à Madrid le 9 Mai 1568 , tranfcrites audit Procès, f. 175 v°. & fuivans , font conçues dans les mêmes termes que celles de Pierre Llobet, énoncées au 7ᵉ. article ci-deſſus.

10°. Que les Lettres accordées par le même Prince à Jacques Nebot , données à Madrid le 3 Mai 1569 , tranfcrites audit Procès, f. 177 v°. & fuivans , font auſſi conçues dans les mêmes termes que celles de Pierre Llobet , énoncées au feptiéme article ci-deſſus.

11°. Que les Lettres accordées par Don François de Tolede , Capitaine-Général de Catalogne , au nom du Souverain , à François Roquete , données à Barcelone , le 7 Février 1579 , tranfcrites audit Procès f. 179 & fuivans , font auſſi conçues dans les mêmes termes que celles dudit Llobet , énoncées au feptiéme article ci - deſſus.

12°. Que les Lettres accordées par Philippe II , à Antoine Joli , Fils de Michel Joli , en confirmation des précédentes de l'Empereur Charles-Quint , données à Binnefar le 6 Décembre 1585 , tranfcrites audit Procés , f°. 64 & fuivans, font conçues dans les mêmes termes que celles qui font énoncées aux articles pré-cédens.

13°. Que les Lettres accordées par Philippe IV Roi d'Eſpagne , à Honuphre Sebater *Notaire de Per-pignan* , données à Barcelone le 13 Juillet 1599 , tranfcrites audit Procès, f. 180 v°. & fuivans , font en-core conçues dans les mêmes termes que celles énoncées aux articles précédens.

14°. Que les Lettres accordées par le même Prince , à Honuphre Gonfalvo *Notaire de Perpignan* , donnéees à

Tarragone

Tarragone le 9 du même mois & an , tranfcrites audit Procès , f. 183 & fuivant , font auſſi conçues dans les mêmes termes que celles énoncées aux précédens articles.

15º. QUE les Lettres accordées par le même Prince , à Antoine - Jerome Bofch , données à Torrella , le 21 Novembre 1605 , tranfcrites audit Procès, f. 114 vº. & fuivant , font conçues dans les mêmes termes que celles qui font énoncées aux précédens articles.

16º. QUE les Lettres accordées par le même Prince , à Michel Bofch , données à Madrid le 12 Mai 1613 , tranfcrites audit Procès, f. 116 & fuivans , font auſſi conçues dans les mêmes termes que celles qui font énoncées aux précédens articles.

17º. QUE les Lettres accordées par le même Prince, à Sébaftien Perarnau , données au Monaftère de St. Laurent le 27 Juillet 1614 , tranfcrites audit Procès, f. 112 vo. & fuivans , font auſſi conçues dans les mêmes termes que celles qui font énoncées aux précédens articles.

18º. QUE dans les Lettres énoncées aux cinq articles précédens , il eft exprimé que les Ancêtres refpectifs des Impétrans étoient *honorés*. Et lefdit Commiſſaires de la Nobleſſe ont figné. *Signés* le Marquis D'A-GUILAR, Don Jean de ÇAGARRIGA , de BOQUET.

Nous Commiſſaire fufdit , avons , fur les réquifitions ci-deſſus , vérifié que les dix-huit obfervations faites par les Commiſſaires de la Nobleſſe font conformes à la vérité ; & attendu l'heure tarde , avons renvoyé la continuation du préfent Procès-verbal à

D

demain Mardi , 2 3 Juillet , à neuf heures du matin ,
pour dix heures précifes ; & avons figné avec toutes
les Parties. *Signés* BON , le Marquis D'AGUILAR ,
Don Jean DE ÇAGARRIGA , FOSSA , DE VILAR-
HAMS , JAUBERT , J. JAUME , BOSCH.

Et cejourd'hui vingt-trois Juillet , en continuation
de la Séance du jour d'hier , ont comparu pardevant
Nous Premier-Préfident , Intendant & Commiffaire fufdit ,
les mêmes Parties ci-devant dénommées.

Lesdits Commiffaires de l'Ordre de la Nobleffe
nous ont repréfenté qu'il réfulte de la vérification par
nous faite en ladite Séance du jour d'hier ,

En premier lieu , que la conceffion faite aux Citoyens de Barcelone , par Ferdinand II , le 3 1 Août
1 5 1 0 , confirmée le 1 3 Juillet 1 5 99 , ne fut point
produite audit Procès , comme un titre de Chevalerie ,
mais fimplement comme un privilège attributif du
Droit de *créer des Citoyens honorés qui jouiffent des
prérogatives des Nobles.*

En fecond lieu , que la conceffion faite aux Bourgeois immatriculés de Perpignan le 1 3 Juillet 1 5 99 ,
confirmée & expliquée le 2 3 Décembre de la même
année , ne fut pas auffi produite audit Procès *commencé
en 1616* , (époque poftérieure de très-peu d'années à
ladite conceffion , & où par conféquent fa nature , ainfi
que celle dudit privilège de 1 5 1 0 , devoit être bien
connue) comme un titre qui eût *fait Chevaliers* lefdits
Bourgeois ; mais taxativement comme un privilège qui
leur avoit communiqué la jouiffance des prérogatives
concédées *aux Citoyens honorés de Barcelone* ; attachées

ainſi à la Matricule des Bourgeois *qui feroient à l'a-*
venir immatriculés dans la forme preſcrite par l'Ordon-
nance de la REINE MARIE *de l'an* 1449.

EN troiſiéme lieu , qu'il a été accordé dès l'an 1547,
des Lettres de *Mercadier honoré* , dans la même forme
des Lettres de *Bourgeois honoré* ; d'où il ſuit que cette
qualification ne pouvant être une *indication de Nobleſſe* ,
à l'égard des Mercadiers qui forment le ſecond Ordre
des Habitans de la Communauté de Perpignan depuis
1449 , & n'ont jamais prétendu être Nobles ; on ne
peut ſuppoſer que la même qualité ſoit une indication
de Nobleſſe pour les Bourgeois majeurs de la même
Ville. Qu'il eſt auſſi ridicule de traduire ces mots :
Burgenſis honoratus, par *Citoyen noble* , qu'il le ſeroit de
rendre les expreſſions , *Mercator honoratus*, par *Merca-*
cadier Noble.

EN quatriéme lieu , que le prénom de *Moſſen* étant
donné depuis 1547 aux ſimples Mercadiers , comme
nous l'avons vérifié hier ; c'eſt une illuſion groſſiére ,
que ce titre ſoit *un caractere indubitable de Nobleſſe* ,
pour les Bourgeois honorés , auxquels on allégue qu'il
a été donné *depuis 1599* , 52 années après qu'il étoit
déjà donné aux Mercadiers , qui n'ont jamais imaginé
d'en forger un titre de Nobleſſe.

EN cinquiéme lieu , qu'il réſulte de la vérification
par nous faite de la cinquiéme obſervation des Expoſans du jour d'hier , qu'il a été accordé par le Souverain ,
des Lettres de Bourgeois de Perpignan en 1539 ; &
qu'il eſt faux par conſéquent que *les Lettres accordées à*
Jacques-Antich Trinyach , en 1542 , foient les plus an-
ciennes que nous connoiſſions.

En sixiéme lieu , qu'il résulte de la vérification de la même observation & des onze suivantes , que les prétendues Lettres *de Citoyen Noble* de Perpignan , avant & depuis le prétendu titre de Chevalerie de 1599 , se réduisent à la création de *Bourgeois* , sans qualification , ou simplement qualifiés *honorés* ; sans aucune attribution de *Générosité* , *Noblesse* , ou *Chevalerie* : que les Impétrans & leur postérité ne sont point agrégés par le Souverain à l'Ordre de la Noblesse , mais unis incorporés *aux Bourgeois immatriculés de Perpignan* : & que comme cette incorporation est contraire aux privilèges & Réglemens qui attribuent au Corps municipal le Droit de distinguer à son gré les classes des Habitans , par la Matricule , d'après une discussion de leurs qualités personelles & de leurs biens ; & que d'ailleurs , suivant les mêmes Réglemens , l'immatriculation des Bourgeois doit se renouveller à chaque génération , avec la même discussion ; sur ces motifs , les rescrits du Prince *attributifs de ce Droit de Bourgeoisie à perpétuité* , renferment une dérogation expresse aux privilèges & Réglemens de la Ville. Qu'enfin ces rescrits n'attribuent point les prérogatives des *Nobles* , mais constamment *des Bourgeois immatriculés* ; & que leur adresse n'a rien de commun avec celle des Lettres de Chevalerie ou Anoblissement ; étant taxativement faite aux Officiers de la Principauté de Catalogne & de Roussillon , comme d'une concession purement locale ; & *aux Consuls , Prud'hommes & Communauté de Perpignan* , comme ne renfermant que l'attribution d'un *honneur de Ville.*

E n feptiéme lieu, qu'il eft fouverainement ridicule de fuppofer comme on a fait dans ledit livre des Recherches du Sr. Abbé Xaupi, que l'épithéte *honoré*, ait une qualification des *plus relevées , rendue imparfaitement par le terme de Noble* ; quifqu'on voit dans les Lettres de Bourgeoifie (ainfi qu'il réfulte de la vérification de la dix-huitiéme obfervation des Expofans) que les *Ancêtres des Impétrans font défignés comme étant déja honorés :* que dans le fyftême des Parties adverfes, les Ancêtres d'un Anobli feroient ainfi reconnus pour Nobles; ce qui répugne à la faine raifon : que cette obfervation a d'autant plus de force , qu'on trouve les Ancêtres de deux Notaires créés Bourgeois de Perpignan, le 9 ou 13 Juillet 1599, défignés comme *honorés*, dans lefdites Lettres ; tandis qu'il eft certain qu'avant le privilége du 30 Juin 1599 , accordé au Collége des Notaires de Perpignan , ils étoient de la *Main mineure* ou du troifiéme ordre des Habitans.

E n huitiéme lieu enfin, qu'il eft d'autant plus abfurde que les Lettres de *Bourgeois* fans qualification, ou de *Bourgeois honoré*, foient attributives *de la méme effence de Nobleffe* , que *celles des Chevaliers, des Nobles de Titre, de Ducs, des Comtes, de Marquis* (comme le fuppofe l'Auteur des Recherches p. 296) ; que ceux dont nous avons vérifié les Lettres, ne figurerent après ces prétendus titres de Chevalerie ou Anobliffement, dans la Communauté de Perpignan, que comme *des Hommes de la Main mitoyenne ou de la Main mineure* ; c'eft-à-dire , dans les claffes des Mercadiers ou des Artifans; & que la Communauté ne les regarda comme ayant changé d'état

& comme *Bourgeois*, qu'après qu'ils furent immatriculés comme tels. Que la Nobleſſe ne peut jamais, aucune part, demeurer confondue avec la Roture; & que par conſéquent on ne peut regarder comme Nobles, *ces ambigus de Bourgeois, Mercadiers, ou Artiſans.*

AVANT de paſſer à la preuve de leur derniére obſervation, les Expoſans nous ont repréſenté qu'il réſulte des vérifications faites le jour d'hier :

QUE Michel Riu fut créé Bourgeois de Perpignan le 11 Février 1539;

QUE Pierre Cohors ou Corts fut créé tel le 20 Octobre 1547;

PIERRE Llobet, le 27 Mars 1564;

JERÔME Baldo, le 29 Juin 1567;

JEAN Bolet, le 9 Mai 1569;

FRANÇOIS Roquete, le 7 Février 1579;

ANTOINE Joli fils de Michel Joli, le 6 Décembre 1585.

HONUPHRE Gonſalvo Notaire, le 9 Juillet 1599;

HONUPHRE Sebater, le 13 du même mois & an;

ANTOINE-JERÔME Boſch, le 21 Novembre 1605;

MICHEL Boſch, le 12 Mai 1613;

ET Sebaſtien Perarnau, le 27 Juillet 1614.

QUE le relevé des Matricules des Bourgeois de Perpignan par nous vérifié dans nôtre Procès-verbal du 27 Juin dernier & jours ſuivans, exprime que ledit Michel Riu ne fut immatriculé Bourgeois qu'en 1549 : que ce ne fut par conſéquent que dix ans après ſes Lettres de 1539 qu'il fut reconnu pour Bourgeois par la Communauté de Perpignan.

Les Expofans venant à la preuve de leur 8°. Obfervation ci-deffus , nous ont requis & fupplié de vérifier fur la Copie authentique dudit Procès , à nous exhibée dans la Séance du jour d'hier,

1°. Qu'on y voit au f. 184 & fuivans , que le Jeudi 4 Janvier 1618 , Jacques-Antoine Paulet , Bourgeois honoré , qualifié ainfi , *Syndicus & procuratur brachii feu Stamenti Burgenfium honoratorum & matriculatorum Univerfitatis Villæ Perpiniani* , & Paul Roger Syndic de la Ville , préfenterent & & exhiberent aux Confuls des Lettres émanées de la royale Audience de Catalogne le 18 Décembre précédent , inférées audit Procès, fᵒ. 185 & fuivant , qui enjoignoient auxdits Confuls & au Sécrétaire-Greffier de l'Hôtel de Ville , de délivrer des Copies authentiques de différentes infaculations des Bourgeois y dénommés ; auxquelles Lettres les Confuls & le Sécrétaire-Greffier déclarerent être prêts d'obtempérer , & obtempererent.

2°. Qa'udit Procès f. 9 v°. & fuivant , l'on trouve une conceffion faite par Philippe Prince des Afturies & dè Girone, Fils aîné de Philippe Roi d'Efpagne , le 12 Mai 1553 , à Pierre Fabre Mercadier de Perpignan , des places d'Aumônier, de Conful de Mer , de Clavaire, & de Banquier de la Banque commune , qu'occupoit auparavant Michel Riu Mercadier , *actuellement* , y eft-il-dit , *Bourgeois de cette* Ville de Perpignan.

3°. A l'égard *dudit Pierre Corts* , qu'on trouve au f. 200 dudit Procès , le contrat de Mariage de Jérôme Corts fon fils , retenu par François-Arles , *Alias Carrera*, Notaire de Perpignan , le 5 Avril 1579 , où le fils ne ſe qualiſia , & ne qualiſia ledit Pierre Corts ſon pere que de *Mercadier* : qu'au même Procès f. 198 v°. , on trouve un Conſeil de Ville , du 13 Avril 1585 , où ledit Jerôme Corts n'aſſiſta qu'en qualité de Mercadier, *pro brachio Mercatorum* : qu'au f. 222 , R°. on trouve que le même Jerôme Corts fut extrait , le 23 Juin 1593 , Conſul troiſiéme , *manus mediocris ſive mediæ.* Qu'au f. 188 R°. , on lit que le même Jerôme Corts fut inſaculé le 17 Juin 1592 , en qualité de *Mercadier*, à la place de Clavaire vacante par le décès de Pierre Llobet : qu'au f. 189 v°. , on trouve que le même jour , 17 Juin 1592 , ledit Jerôme Corts , en qualité de *Mercadier* , fut inſaculé en la place de Conſul 3ᵉ. & de ſurpoſé *des Pareurs Mercadiers* : qu'on lit de ſuite , que le 7 Juin 1610 , Raphaël Pelliſſer fut inſaculé aux deux places dont on vient de parler , comme vacantes par le décès dudit Jerôme Corts.

4°. *A L'ÉGARD dudit Pierre Llobet* , qu'on trouve audit Procès , f. 187 , qu'il fut inſaculé en qualité de *Mercadier* le 9 Août 1567 , aux bourſes de Conſul 3ᵉ. , de Clavaire , & d'Hoſpitalier *du bras mediocre* de la Communauté de Perpignan : qu'au f. ſuivant , ainſi qu'il a été déjà obſervé , il eſt exprimé , que Jerôme Corts Mercadier immatriculé fut inſaculé à ladite place de Clavaire vacante par le décès dudit Llobet : qu'au f. 198 v°. , on lit que le même Llobet aſſiſta en ladite aſſemblée du 13 Avril 1585 , *pour le bras des Mercadiers* : qu'au f. 221 , on trouve que le même Pierre Llobet fut extrait Conſul 3ᵉ. , le 23 Juin 1573 , & qu'il accepta cette place ; en ces termes : *fuit illicò à burſâ*

Conſulum

Confulum tertii brachii manus mediocris five mediæ dictæ Univerfitatis , extractus & admiffus in Confulum tertium dictæ Univerfitatis , pro anno fequenti, Petrus Llobet , qui dictum manus five confulare Officium acceptavit.

5°. A L'ÉGARD *de Jerôme Baldo* , qu'on le trouve également du nombre de ceux qui compofoient *le bras des Mercadiers* en ladite affemblée du 13 Avril 1585 , dont le Verbal eft audit Procès f. 198 , v°. : qu'audit f. 221 , on trouve fon extraction , du 24 Juin 1571 , à la place de Conful troifiéme , *manus mediocris five mediæ* : que précédemment au f. 188 , on le trouve encore infaculé en la bourfe de Conful troifiéme & de furpofé des Pareurs Mercadiers , le 9 Août 1567 : qu'on le trouve au même f. R°. , infaculé le 17 Juin 1595 , en la bourfe & place d'adminiftrateur de la Banque vacante par le changement d'état de Llobet.

6°. A L'ÉGARD *dudit Jean Bolet* , qu'on le trouve au dernier f. qu'on vient de cotter , v°. , infaculé , en qualité de Mercadier , le 17 Juin 1595 , *in burfâ fupplementi Confilii pro manu mediocri* : qu'au f. 222 , on trouve le même Jean Bolet , en qualité de *Mercadier* , extrait Conful quatriéme , *dictæ manus five mediocris mediæ* ; & qu'il accepta cette place.

7°. A L'ÉGARD *dudit Jacques Nebot* , qu'on le trouve du nombre de ceux qui affifterent (*parmi les Mercadiers*) en lad. affemblée du 13 Avril 1585 , dont la délibération eft rapportée aud. f. 198 v°. : qu'au f. 222 , on trouve fon extraction , en qualité de *Mercadier* , à la place de Conful troifiéme , par lui acceptée , le 23 Juin 1603 : qu'on le trouve précédemment au f. 189 , infaculé en la même

E

qualité , le 17 Juin 1586 , *in burſâ & Officio Conſulis in Ordine tertii.*

8°. *A L'ÉGARD de François Roquete* , qu'on lit au f. 188 v°. dudit Procès, à la ſuite d'une inſaculation datée du 17 Juin 1566 : *in eodem ciſterno ſive Regiſtro inſeculationis factæ coram dicto excellentiſſimo Principe de melito, die & anno prædictis , fuit inſeculatus in burſâ & Officio ſuprapoſiti Apothecariorum manus minoris regiminis dictæ Univerſitatis , Franciſcus Roqueta Apothecarius.*

Et plus bas ·

ITEM in alio ciſterno ſive Regiſtro inſeculationis factæ per olim D. D. Conſules , inchoato die 17ª. Junii 1595 , fuit inſeculatus in dictâ burſâ & Officio ſuprapoſiti Apothecariorum vacans per obitum dicti Franciſci Roqueta , alonſius Paſtor Apothecarius.

QU'AU folio 191 v°. , on lit encore : *die 23ª. Junii 1586 , fuit modo & formâ ſolitis & aſſuetis extractus à burſâ intitulatâ* , Sobrepoſats de ſpeciers , *manus minoris* , *Franciſcus Roqueta.*

QUE ledit François Roqueta aſſiſta , *pour la main mineure* , en ladite aſſemblée de Ville du 13 Avril 1585 , dont le Verbal a été obſervé audit Procès f.° 198 v°.

QU'AU fol. 199 l'on trouve l'Extrait du Teſtament dudit François Roquete retenu par Jean Valleſpir Notaire de Perpignan le 22 Septembre 1591 , dans lequel ledit Roquete eſt encore qualifié *Apoticaire* ſimplement.

QU'AU même folio v°. on trouve une obligation conſentie en faveur de la veuve & du fils dudit Roquete , pardevant Jean-Antoine Papi Notaire de Perpignan, le 18 Août 1595 , dans lequel acte le même Roquete décédé n'eſt déſigné que par la qualité d'*Apoticaire*.

9°. *A l'égard dudit Antoine Joli fils de Michel Joli*, *qui obtint leſdites lettres de confirmation de 1585*, qu'on trouve dans l'aſſemblée du conſeil d'Impériage du 9 Août 1566 tranſcrit audit Procès f. 201, Michel Joli comme étant *du Bras des Mercadiers*; & qu'en ladite aſſemblée du 13 Avril 1585, dont ledit Verbal eſt audit Procès f. 185 v°. & ſuivant, Antoine Joli fut député comme Syndic de la Communauté aux États généraux *pour la Main mineure*.

10°. *A l'égard dud. Honuphre Gonſalvo*, Notaire qu'on trouve audit Procès f. 189, ſon inſaculatiou du 17 Juin 1595 dans les bourſes de Conſul quatriéme & d'aumônier de l'Aumône commune, *pro manu mediocri univer-ſitatis* : qu'on trouve encore au même folio Jerôme Arles & Carrera inſaculé le 17 Juin 1613 à ladite place d'Aumônier, comme alors vacante par le décès dudit Honuphre Gonſalvo.

11°. *A l'égard dudit Honuphre Sebater*, qu'on le trouve audit Procès fol 189, inſaculé le 17 Juin 1592 en la bourſe ou place de Conſul quatriéme, & qu'au fol 222 v°. & ſuivant, on trouve ſon extraction en date du 23 Juin 1605 à ladite place de Conſul quatriéme, en qualité de Notaire collégié, avec ſon acceptation & ſon ſerment.

12°. QU'AU fol. 205 dudit Procès & ſuivans, on trouve un privilége accordé par Philippe III. le 30 Juin 1599 au college des Notaires de Perpignan, portant
» qu'ils ſeroient *du bras mitoyen* de ladite Ville, ainſi
» que leurs deſcendans, pourvu que ceux-ci n'exerçaſ-
» ſent aucun art méchanique.

13°. *A l'égard dudit Sebaſtien Perarnau*, qu'on trouve audit Procés f. 223 v°. ſon admiſſion à la Matricule des Mercadiers de Perpignan du 16 Juin 1619, & de ſuite le Verbal de ſon acceptation, & le ſerment qu'il fit en qualité de *Mercadier*.

14°. ENFIN, *à l'égard deſdits Antoine-Jerôme Boſch & Michel Boſch, & dudit Perarnau*, les Expoſans nous ont encore requis & ſupplié d'obſerver, qu'on trouve aud. Procés f. 226 & ſuivans, une ſupplique par eux préſentée au Lieutenant général de Catalogne, dans laquelle, après l'expoſition des Lettres de Bourgeois de Perpignan par eux reſpectivement obtenues, ils conclurent « à ce » qu'il fût déclaré définitivement, qu'en vertu deſdites » conceſſions, ils étoient *Bourgeois de ladite Ville*: qu'eux » & leur Poſtérité devoient jouir des prérogatives & » prééminences dont jouiſſoient les autres *Bourgeois* » *honorés* de ladite Ville : qu'ils devroient être immatri- » culés comme tels, & aſſiſter & intervenir à l'immatri- » culation des autres *Bourgeois* : que les Conſuls & les » autres Bourgeois de Perpignan fuſſent condamnés à » ce faire, avec condamnation des dépens ; & que la » cauſe fût évoquée en la royale Audience, &c. » à la ſuite de laquelle ſupplique on trouve une Ordonnance d'évocation, la nomination de Me. Balthaſar Morell pour rapporteur, du premier Juillet 1716, & ſucceſſivement des lettres citatoires du même jour, pour aſſigner les Conſuls de Perpignan, & autres dénommnés auxdites Lettres.

QUE dans le premier Mémoire imprimé qu'on trouve inſéré au commencement du volume qui contient la

copie authentique dudit Procès, au chapitre 2 ; qui a
pour titre, en Catalan, *Pretentions de la ville de Perpig-*
nan, p. 8e. colomne premiere, on trouve exposé » que
» les Bourgeois de privilège qui avoient été jufques
» alors en ladite Ville, n'entroient point comme tels
» à l'Hôtel de Ville, aux Confeils généraux & par-
» ticuliers d'icelle, comme *Bourgeois*, & n'étoient point
» infaculés aux bourfes des *Bourgeois*, mais uniquement
» en qualité de Mercadiers,, s'ils étoient immatriculés
» comme tels, ou autrement comme *des hommes de la*
» *main mineure*, s'ils étoient Apoticaires, Épiciers,
» Notaires, ou Artifans, jufqu'à ce qu'ils fuffent imma-
» triculés *Bourgeois.*

Qu'audit Procès f. 307 & fuivant, on trouve une
fupplique de la Nobleffe de Perpignan, fous la dénomination de *Bras militaire*, en oppofition à la demande
dudit Antoine-Jerôme Bofch & de fes Litifconforts
Bourgeois de refcrit contenant : » que quelques années
» avant, ledit Bras militaire, par Tranfaction paffée
» avec les *Bourgeois* immatriculés & la Communauté
» de Perpignan, auroit admis aux honneurs & charges
» dudit *Bras militaire* les Bourgeois immatriculés de
» ladite Ville ; pour être iceux au moyen de l'imma-
» triculation de leurs perfonnes faite fuivant le privilège
» royal de la Séréniffime Reine Done Marie, accordé
» à ladite Ville, abbonnés tant à raifon de leurs
» qualités de leurs perfonnes que de leurs Patrimoines,
» pour pouvoir intervenir auxdits exercices & honneurs
» militaires ; lequel abbonnement n'avoient pu obtenir
» lefdits Bofch & autres Litifconforts, ni plufieurs au-

» tres qui avoient obtenu des privilèges des *Bourgeois*
» de ladite Ville ; . . . . . que si sa Majesté avoit été
» informée de la qualité de leurs personnes & de
» *leur Patrimoine* , elle ne leur auroit pas accordé de
» pareils privilèges ; pour être iceux des *personnes viles,*
» de basse extraction ; à tel point que *le bras des Mer-*
» *cadiers de ladite Ville ne les avoient pas trouvés bons*
» *pour être immatriculés Mercadiers* &c.

Qu'on trouve audit Procès f. 363 & suivans , le
Jugement définitif de la royale Audience , rendue sur
ladite contestation le 12 Octobre 1620 ; où l'exécution
des Lettres de Bourgeois de Perpignan , accordées audit
Antoine-Jérôme Bosch est d'abord ordonnée ; & néanmoins on trouve la disposition suivante , qui le dé-
boute du surplus de leurs prétentions , transcrite audit
Procès f. 371 , en ces termes :

Quo vero ad aliam pretentionem dicti Hieronimi Bosch,
qui in vim dicti privilegii prætendit eum esse describen-
dam in libro Matriculæ Burgensium dicti oppidi , & à
cætero interesse ac intervenire debere & posse creationi &
Matriculæ dictorum Burgensium, die quâ singulis annis
creari & matriculari solent in dicto oppido Perpiniani , nec
non admittendum esse ad Officia & inseculationes , seu
imbursationes & alios honores dicti oppidi Perpiniani
quemadmodùm cæteri Burgenses admitti possunt & debent :
quia tamen in dicto regio privilegio in favorem dicti Bosch
expedito , sua Majestas non mandat expressè quod dictus
Bosch matriculetur & describatur in libro Matriculæ dic-
torum Burgensium , & quod ut talis interveniat in crea-
tione & matriculatione dicti sancti Quirici aliorum Bur-

genfium , nec quod abfque aliquâ habilitatione ibi fieri folic *juxtà privilegium five fententiam Reginæ Mariæ intervениat in Confiliis & Congregationibus dictæ Villæ , & fit unus ex confiliariis illius , quemadmodum funt alii Burgenfes ex folâ defcriptione & matriculatione illâ die factâ ; quod dignum erat fpeciali notâ & expreffione ; cum in hoc maximum verfetur præjudicium , & ad hujus qualitatis conceffionem & gratiam debebat regia Majeftas de prædictis effe plenè informatus ; maximè cum Alphonfus IV , indelebilis memoriæ, Aragonum Rex , fuo regio privilegio dato in portu veneris die 17 Januarii 1436 , confirmato per eumdem Regem die 20 Martii 1448 , medio juramento , & cum claufula decreti irritantis , promiferit fe directè vel indirectè aut alio quovis modo non intromiffurum de regimine dictæ Villæ , nifi eo perfonaliter in eo reperto , vel ejus gubernatore , ad fupplicationem Confulum dictæ Villæ & non alias ; quia prædicta & habilitationes perfonarum ad illius Officia in & cum fupra calendato regio privilegio , feu fententiâ Reginæ Mariæ , Confulibus & aliis perfonis in privilegiis nominatis remifit & conceffit. Prædictis igitur & aliis meritis proceffûs attentis , & alias eamdem infequendo conclufionem in regiâ Audientiâ factam , fua excellentia pronuntiat fententiat & declarat dicto Antonio - Hieronimo Bofch in dictâ pretentione filentium imponendum fore & effe , ut cum præfenti imponit &c.*

ET lefdits Srs. Commiffaires ont figné. *Signés* le Marquis D'AGUILAR , Don Jean de ÇAGARRIGA , de BOQUET.

NOUS Commiffaire fufdit , avons , fur la réquifition

ci-deſſus , vérifié que les quatorze obſervations en fait propoſées par leſdits Commiſſaires de la Nobleſſe , ſont conformes à la vérité ; & attendu l'heure tarde , avons renvoyé la continuation du préſent Procès-verbal à Lundi prochain vingt-neuf du préſent mois de Juillet , à neuf heures du matin , pour dix heures préciſes ; & avons ſigné avec toutes les Parties. *Signé* BON , le Marquis D'AGUILAR , Don Jean de ÇAGARRIGA , FOSSA , de VILAR-HAMS , A. JAUBERT , J. JAUME , BOSCH.

Et ce jourd'hui vingt-neuviéme Juillet , en continuation de nòtre Procès-verbal des jours précédens , ont comparu pardevant Nous Premier-Préſident Intendant & Commiſſaire ſuſdit , les Srs. Don Antoine de Ros-de-Margarit , Don Jean de Çagarriga , & Pilippe de Boquet , Commiſſaires de la Nobleſſe de Rouſſillon , (le Sr. Marquis d'Aguilar étant abſent) leſdits Me. François Foſſa , Michel de Vilar-hams , Antoine Jaubert , & Joſeph Jaume , bâtonnier & Commiſſaires reſpectifs de l'Ordre des Avocats , & ledit Me. Joſeph Boſch Sécrétaire-Greffier de l'Hôtel de Ville.

Et leſdits Srs. Commiſſaires de l'Ordre de la Nobleſſe nous ont repréſenté en premier lieu , qu'en combinant les dates des Lettres de Bourgeois de Perpignan , par nous vérifiées en la Séance du 22 de ce mois , avec les quatorze Obſervations en fait rélatives à ceux qui avoient impétré du Souverain leſdites Lettres, que nous avons vérifiées en la Séance du 23 , il demeure conſtant que ceux qu'on a voulu ſuppoſer anoblis par de pareils reſcrits du Prince , ſont demeurés *dans la*

main

main mitoyenne ou la main mineure de la Communauté de cette Ville , confondus ainfi parmi les Mercadiers ou même parmi les Artifans ; ce qui réfifte à toute idée de Nobilité.

En fecond lieu , qu'on ne peut fuppofer que la Matricule defdits Bourgeois, produife plus efficacement la Nobleffe , que les refcrits du Prince attributifs de ce même Droit de Bourgeoifie : or il eft démontré que ces fortes de refcrits anobliffent fi peu l'Impétrant, qu'ils le laiffent dans les claffes des Mercadiers ou des Artifans où il fe trouvoit auparavant ; on ne peut donc attacher aucune idée d'anobliffement à la création d'un Bourgeois de cette Ville, foit qu'elle émane de l'autorité fouveraine ou du corps municipal.

En troifiéme lieu , qu'il réfulte en particulier de la vérification par nous faite , en la derniére Séance, des 10e., 11e., 13e.,& 14e.,Obfervations des Expofans , que même depuis le prétendu *titre de Chevalerie de 1599* , les Bourgeois de refcrit font demeurés dans les derniéres claffes de la commune : qu'Honuphre Gonfalvo créé Bourgeois de refcrit en 1599 , conferva fa place de Conful *quatriéme & d'Aumônier*, *pour la main mitoyenne de la Communauté* , jufqu'à fon décès furvenu en 1613 : qu'il eft d'ailleurs conftaté par le relevé de la Matricule des Bourgeois que nous avons vérifié dans nòtre Procès-verbal du 27 Juin & jours fuivans, que François Gonfalvo (petit-fils dud. Honuphre, ainfi qu'il réfulte dés piéces cottées de n°. 116, produitesen l'Inftance par les Syndics des Bourgeois honorés,) fut infcrit à la Matricule en 1661 , non comme *fils de Bourgeois* , mais comme *Bourgeois*, nouvellement créé par l'affemblée d'immatriculation : & qu'il fera bientôt prouvé que le même François Gonfalvo fut encore extrait *quatriéme Conful de Perpignan en 1659*. Qu'Honuphre Sebater Notaire , créé aux Bourgeois de refcrit en 1599 , accepta encore en 1605 , fix ans après ces prétendues Lettres de Nobleffe , la place de *Conful quatriéme*. Que Sebaftien Perarnau revêtu en 1614 de cette prétendue Nobleffe , qu'on fuppofe décorée de la Chevalerie depuis 1599, reconnut qu'il étoit demeuré dans la claffe des Artifans ; puifque le 16 Juin 1619 , environ cinq années après l'obtention de fes Lettres de Bourgeois , il fe fit admettre à la Matricule des Mercadiers. Que la conteftation qu'il avoit élevée , avec Antoine-Jerôme Bofch & Michel Bofch , pardevant la royale Audience de Catalogne , pour tenter de fe faire infcrire à la Matricule des Bourgeois , ne fervit qu'à éclaircir la roture de cet état de Bourgeoifie ; puifque l'Arrêt de 1620 , en confirmant l'ancien ufage de la commune , déclara cet état compatible avec celui de Mercadier ou d'Artifan.

En quatriéme lieu , que la vérification par nous faite de la quatorziéme obfervation des Expofans , concernant la prétention defdits Bofch & Perarnau ; les oppofitions du Corps de Ville , du *Bras* ou *état* des bourgeois *immatriculés* , & du corps de la Nobleffe , avec le difpofitif dudit Arrêt de 1620 , prouvent d'abord que l'Auteur dudit livre des Recherches , p. 196 , n'a pas rendu exactement la teneur de cet Arrêt , en alleguant *qu'il exclut de la Maifon de Ville de Perpignan les Bourgeois de refcrit* : que cette décifion ne *les exclut pas* de l'Hôtel de Ville , mais les débouta de leur prétention d'y être infcrits & infaculés parmi les Bourgeois de la Matricule ; ce qui eft bien différent : que la royale audience confirma l'ancien ufage de la Communauté , foutenu par fon Syndic & par celui du *Bras & état des Bourgeois immatriculés* , qui rejettoit ces prétendus *Citoyens nobles & Chevaliers* dans les claffes des Mercadiers ou des Artifans , où ils fe trouvoient avant l'obtention de leurs Lettres. Qu'on ne devoit pas s'aveugler & en impofer au Public , au point de transformer en *Citoyens Nobles & Chevaliers* , ceux que le Corps de Ville & les Bourgeois de la Matricule n'envifageren: jamais que comme des hommes de *la mineure on de la Main mitoyenne* ; ceux avec qui le Corps de la Nobleffe ou *Bras militaire* refufa d'alterner , fur le motif que c'étoient des *perfonnes viles* . . . . que *le Bras des Mercadiers n'avoit pas trouvé bons pour être immatriculés Mercadiers* : qu'on ne peut imaginer que la royale Audience , qui laiffa , à l'Hôtel de Ville , par ledit Arrêt , ces Privilègiés de *baffe extraction* , qu'elle ne qualifia jamais que de *Bourgeois* , dans leur état naturel , pût regarder comme des *titres de Chevalerie* , les refcrits du Prince attributifs du titre de Bourgeois, qu'elle décida ne pouvoir produire aucun effet dans le Corps municipal.

En cinquiéme lieu , que l'époque de cette decifion , les termes dans lefquels elle fut rendue , les expreffions dont toutes les Parties fe fervirent dans la Caufe , tout concourt à découvrir l'illufion de la *Chevalerie imaginaire* qu'on a fuppofé avoir été attachée à l'état de ces Bourgeois en 1599. Que le Procès ne commença

qu'en 1616 , 17 années parconféquent après la prétendue *conceffion de Chevalerie* de 1599 : que Bofch &
les Litifconforts ne fe regardoient point comme Chevaliers , lorfque dans tout le cours de la Procédure ,
ils ne fe qualifioient que *de Bourgeois de Perpignan* :
qu'ils ne conclurrent jamais qu'à être infcrits & infaculés parmi les *Bourgeois immatriculés :* que le Corps
de Ville ne défigna point autrement les *Bourgeois* qui
formoient *la Main majeure* : qu'ils ne fe qualifioient
eux-mêmes que de *Bras ou état de Bourgeois honorés &*
immatriculés de la Communauté de Perpignan : qu'on n'a
pu forger une claffe de Nobleffe , de cet *état ou Bras*
de la Communauté , qui ne contrafte pas moins dans
ladite Procédure avec le *Bras militaire* , alors déjà
agrégé au Corps municipal, qu'avec le *Bras des Mer-*
cadiers : que le *Bras militaire* regardoit celui *des Bour-*
geois , comme un *Ordre* oppofé , lorfqu'il déclaroit dans
ce Procès , » que par Tranfaction paffée quelques an-
» nées avant avec les *Bourgeois immatriculés* ; & la
» Communauté de Perpignan , il n'avoit admis aux
» exercices & honneurs militaires , que les *Bourgeois*
» *immatriculés* ; fur le motif que leur immatriculation
» faite avec la difcuffion prefcrite par le *Privilège de*
» *la Reine Marie accordé à la Ville* , étoit un garant
» tant *de leurs qualités perfonnelles que des avantages de*
» *leurs Patrimoines* » : que la Nobleffe ne confidéroit ainfi
les *bourgeois immatriculés* , à qui elle ne donna jamais
d'autre qualité dans la Procédure , que comme un Ordre de la commune , qui avoit un état honorable &
un Patrimoine honnête , & nullement comme une claffe

de Chevaliers : qu'elle affûroit auffi que jamais aucun Bourgeois de refcrit n'avoit été reçu à fes exercices ; parceque c'étoient *des perfonnes viles*, &c. Que les Chevaliers & les Nobles de titre, domiciliés à Perpignan, fous la dénomination de *Bras militaire*, avoient été agrégés par le Réglement de 1601 *à la Main majeure de la Communauté de Perpignan*, *dans laquelle étoient compris les Docteurs en Droit*, aux termes du même Réglement : que par conféquent fi les Bourgeois de refcrit euffent été reconnus pour *vrais Nobles & vrais Chevaliers*; comme membres *du Bras militaire*, on n'auroit pu leur refufer une prérogative dont les Gradués jouiffoient : que la royale Audience, qui avoit fous fes yeux le prétendu titre de Chevalerie de 1599, & le Réglement de 1601, produits audit Procès, auroit dû les reconnoître pour Chevaliers, & en cette qualité les faire concourir aux places de *la Main majeure* : que cette Cour décida manifeftement qu'ils n'avoient qu'un état de Roture, en les laiffant confondus *dans la Main mineure ou la Main mitoyenne* : qu'on ne peut faire à ce Tribunal éclairé l'injure de croire qu'il ait penfé qu'il pouvoit y avoir des *Chevaliers Artifans ou Mercadiers*.

En fixiéme lieu, que fi l'on pefe mûrement les motifs littéralement exprimés dans l'Arrêt de 1620, on y voit à découvert que « les prétendus *Chevaliers* n'ont d'autre » état ni d'autre dénomination que de *Bourgeois* : que » les prérogatives attachées à cet état, peuvent être » bornées à certains égards par les refcrits du Prince, » où ils font créés tels » : que le Roi Alphonfe IV (c'eft

le V. Roi d'Aragon & le quatriéme Comte de Barcelone de ce nom) « par son privilège donné au Port-
» Vendres en 1436 , par lui confirmé en 1448 , au-
» roit promis avec serment de ne pas s'entremettre du
» Gouvernement municipal , qu'autant qu'il seroit sur
» les lieux & qu'il en seroit requis par les Consuls de
» Perpignan ; & auroient déclaré nul tout ce qui seroit
» fait en contraire : qu'enfin le privilège de la Reine
» Marie de 1449 , auroit laissé la liberté aux Con-
» suls & autres personnes y désignées , d'habiliter , à
» leur gré , ceux qui devroient concourir aux charges
» municipales » : que ces motifs ne peuvent trouver
leur application qu'à l'égard des Bourgeois roturiers ,
que le Corps de Ville pouvoit immatriculer ou rayer
des Matricules ; mais non à l'égard des *Nobles & des
Chevaliers* ; parceque ceux-ci tenant du Prince , leur
état de Noblesse ; & du Réglement de 1601 , le Droit
de concourir dans la main majeure , indépendamment
de toute immatriculation , il ne dépendoit point du
Corps municipal de les priver d'un Droit inhérent à
leur état & de les rejetter dans les dernieres classes des
Habitans.

En septiéme lieu , que ledit Arrêt de 1620 , a dé-
cidé que les prérogatives des *Bourgeois* créés par le
Souverain , sont moins étendues que celles des Bourgeois créés par l'immatriculation délibérée dans une
Assemblée municipale : que les Loix publiques de Catalogne , ainsi que celles du Royaume , résistent au prétendu Droit de *faire des Nobles* , que l'Écrivain des
Bourgeois a voulu attribuer aux communes ; mais qu'en

réalifant cette fuppofition , il feroit inconcevable que les Nobles créés par une affemblée municipale , euffent des droits plus étendus que ceux dont le Titre émaneroit de l'Autorité fouveraine , qui eft la véritable fource de la Nobleffe. Que cette abfurdité frappante difparoit , en ne confidérant nos prétendus Nobles , que comme tels qu'ils font défignés dans la Lettre dudit Arrêt , *des Bourgeois* ; que l'on comprend alors que les Souverains , qui ne peuvent abdiquer le droit de faire des Nobles avec toutes les prérogatives inhérentes à la Nobilité , ont pu céder aux Corps municipaux le Droit de diftinguer les claffes des Bourgeois qui doivent concourir au Gouvernement des Villes.

En huitiéme lieu , enfin , qu'on ne peut paffer l'éponge fur la dénomination de *Bourgeois* confacrée dans ledit Arrêt de 1620 , ainfi que dans tous les Réglemens , tous les privilèges antérieurs & poftérieurs à cette décifion ; ni fuppofer que le mot latin *Burgenfis* puiffe être autrement rendu en françois que par celui de *Bourgeois* ; lorfque l'on voit cette dénomination conftamment employée dans tous les refcrits attributifs de cette Bourgeoifie émanés de nos Rois , même depuis l'Édit du mois d'Août 1768 , dans toutes les Lettres de Cachet , & dans tous les Réglemens concernant l'Élection de nos Bourgeois : que cet état de *Bourgeoifie* eft bien caractérifé par la Lettre & les difpofitions des Arrêts du Confeil de 1671 , 1614 , & 1733 ; où on le voit toujours dépendant de la Matricule dans un Régiftre de Ville , à chaque génération , du Patrimoine dont la fixation a varié , & enfin du *Domicile* à Perpignan, fuivant la difpofition textuelle du dernier de ces Réglemens.

QUE les Expofans ne croyent point devoir nous requerir de vérifier les privilèges de 1436, 1448, & 1449, produits audit Procès, dont la difpofition eft tranfcrite audit Arrêt de 1620; l'Ordre des Avocats ayant d'ailleurs produite en l'Inftance, le Réglement de 1449, portant établiffement de la Matricule pour les Bourgeois, Mercadiers, & Chefs de Métier qui concourent à l'adminiftration de la Ville, comme d'une diftinction de claffes de la commune purement rélative à la municipalité : qu'ils ne croyent pas non plus devoir nous requerir de vérifier la preuve vocale dudit ufage de la Communauté confirmé par l'Arrêt de 1620 : mais que pour donner plus de jour à cette décifion, & aux vérifications contenues dans nôtre Procès-verbal du 27 Juin dernier & jours fuivans au fujet de la nature & de l'effet de la Matricule ; pour prouver en outre l'exécution conftante du Réglement conftitutif de cette diftinction municipale, depuis le prétendu titre de Chevalerie de 1599 ; & pour juftifier que l'établiffement de la Milice bourgeoife de Perpignan ne remonte pas à l'époque fabuleufe *de l'expulfion des Sarrafins*, temps auquel cette Ville n'exiftoit pas, que ce commandement n'a jamais été attribué aux Bourgeois immatriculés *privativement*, & qu'on a pu en forger pour eux un titre de Nobleffe ; ils nous fupplient de vérifier encore fur les piéces dudit Procès, les vingt obfervations en fait fuivantes :

1º. QU'AU fol. 143 Rº. de la fufdite copie dudit Procès

Procès, on trouve une Lettre du Roi d'Espagne, écrite en catalan, adressée aux Consuls de Perpignan, datée de Valladolid le 13 Août 1509; contenant « que lesdits » Consuls auroient réclamé contre une Lettre précédente » du même Prince, par laquelle il leur avoit » été ordonné d'insaculer Michel Vola dans la bourse » des Bourgeois : que lesdits Consuls auroient représen- » té que ledit Vola étant Mercadier & non Bourgeois, » l'ordre du Roi ne pouvoit être exécuté sans préjudicier » aux privilèges de la Communauté ; sur quoi le Roi » déclare que sa volonté n'avoit jamais été de donner » atteinte auxdits privilèges, & mande aux Consuls » d'agir en tout conformément aux Réglemens con- » tenus auxdits privilèges, & non autrement.

2°. Qu'au même fol. v°., on trouve une autre Lettre du Roi d'Espagne, en Castillan, datée de Séville le 15 Avril 1525, adressée aux Consuls de Perpignan ; contenant que » sur le bon rapport de la vie honora- » ble & aisée de Jacques Modaguer Receveur des con- » fiscations ordonnées par le St. Office, sa volonté » royale étoit que ledit Modaguer fût élevé au Grade » qu'il méritoit ; & que partant Sa Majesté *prioit* & » chargeoit lesdits Consuls, à la première immatricu- » lation qu'ils feroient de Bourgeois, d'immatriculer » Bourgeois ledit Modaguer, & de l'insaculer ensuite » dans les bourses des Bourgeois, pourvu qu'il eût les » qualités nécessaires.

3°. Qu'on trouve au fol. 141 & suivant, une Or- donnance donnée à Madrid le 22 Mai 1499, par le Roi Ferdinaand, tant en qualité de Souverain, *qu'en*

G

ufant du pouvoir qui lui avoit été donné par la Ville &
fon Confeil ; portant entr'autres articles , » que les Con-
» fuls de Perpignan dans le cas où il leur fera permis
» de faire des infaculations , ne pourront infaculer au-
» cune perfonne qui ne foit préalablement *immatriculée*
» en la forme ordinaire.

4°. Qu'on trouve audit Procès depuis le folio 256
v.°, jufqu'au fol. 283 R°. , une longue fuite de faits &
articles expofés par *le Syndic de la Ville & le Procu-*
reur de la matricule des Bourgeois de Perpignan , le 5
Juin 1617.

5°. Qu'au 7e. & 8.e defdits articles , fol. 258 R°. ,
on lit qu'il s'étoit anciennement fufcité plufieurs débats ,
au fujet de la gradation des perfonnes des *mains Ma-*
jeures, Mitoyenne, & Mineure, entre le corps municipal
& les Bourgeois ; *Tous les habitans de la Ville préten-*
dant être habiles pour être placés dans la main Majeure :
Sur quoi, il fut fait un compromis , pour s'en rappor-
ter à la décifion de la Reine Marie Epoufe du Roi
Alphonfe.

6°. Qu'il eft ajouté dans le 10.e defdits articles , au
même folio v°. , « que la Reine Marie par fon privilége
» ou Sentence arbitrale du 18 Août 1449, *auroit établi*
» *la matricule pour les trois ordres des habitans* qui con-
» courroient à l'adminiftration de la commune , Bour-
» geois , mercadiers , & Artifans ou *Meneftrals.*

7°. Qu'il eft exprimé au 14e. defdits articles , fol.
259 V.°, » qu'il étoit alors (en 1617) de notorieté ,
» que l'article dudit privilége ou Sentence arbitrale de
» 1449 concernant l'immatriculation des *Bourgeois &*

» *des Chefs des Arts ou Métiers*, étoit exactement observé ;
» qu'on l'avoit toujours ainsi pratiqué, & qu'on le pra-
» tiquoit encore.

8°. Qu'il est ajouté au 15e. 16e. & 17e. desdits articles, transcrits au même folio & au suivant, » que pour
» mieux faire ladite immatriculation *avec la discusion*
» *ordonnée dans ledit privilége*, on avoit toujours ob-
» servé & l'on observoit encore, que les Consuls, le
» Dimanche avant la St. Cyr, assembloient les Bour-
» geois, qui avoient été premiers ou second Consuls,
» jusqu'au nombre de neuf, pour traiter, examiner, &
» censurer quelles personnes il conviendroit d'immatri-
» culer à la St. Cyr prochaine : qu'on examinoit mû-
» rement les qualités, la fortune, le mérite, & les dé-
» fauts des Sujets qui prétendoient être immatriculés ;
» laissant aux Délibérans qui composoient l'Assemblée
» d'immatriculation, le tems intermédiaire jusqu'à la St.
» Cyr, pour réfléchir sur ce qui avoit été traité au sujet
» de la matricule.

» Que la veille de St. Cyr, les cinq Consuls de la-
» dite Ville avoient accoutumé de convoquer pour le
» lendemain lesdits *Bourgeois* qui avoient été premiers
» ou seconds Consuls, jusqu'au nombre de neuf, à
» l'Hôtel de Ville, pour immatriculer des *Bourgeois* ; au-
» tant néanmoins qu'ils en étoient requis par des Person-
» nes habiles qui avoient les qualités nécessaires.

» Que la discussion à faire dans ladite assemblée avoit
» pour premier objet ; *les Fils & Descendans des Bour-*
» *geois immatriculés* ; pour second, ceux des Docteurs
» ès Loix ; & pour troisiéme, les fils, petits-fils & au-

» tres Defcendans des Mercadiers immatriculés : qu'on cen-
„ furoit *dans quelles des fufdites perfonnes, concouroient les*
„ *qualités, les quantités, la fuffifance, & les conditions requi-*
„ *fes convenables & néceffaires pour être infcrits en ladite*
» *matricule de Bourgeois*, à l'effet de jouir des privilè-
» ges & honneurs accordés en particulier aux Bourgeois
» immatriculés, &c.

9°. Qu'on lit encore dans le 4e. defdits articles, expofés le 5. Juillet 1617, tranfcrit audit Procès, fol. 265
R.°, que „ jufques audit jour nul n'avoit été infaculé
„ ou admis à la *main majeure*, jufques à ce qu'il eût
„ été immatriculé *avec la difcuffion* & forme prefcrites
„ audit privilège de la Reine Done Marie, & confor-
„ mement à l'ufage & coutume inviolablement obfervés.

10°. Que le 42e. defdits articles, tranfcrit au même
folio, exprime „ que fi par oubli on avoit infaculé *pour*
„ *la main majeure*, mitoyenne, ou mineure, quelqu'un
„ non immatriculé *avec ladite difcuffion*, qui auroit été
„ enfuite extrait à une place municipale, il n'auroit pas
„ été admis à remplir cette place ; mais on l'auroit au-
„ contraire rejetté, conformement auxdits privilèges.

11°. Qu'il eft encore ajouté aux articles 43, 44
& 45, tranfcrits au même folio, que „ l'année précé-
„ dente 1616, Pierre Requefens, ayant été infaculé
„ dans la bourfe des Surpofés des Ménuifiers, fans être
„ infcrit à la matricule des Surpofés & Chefs des Mé-
„ tiers, il effuya une oppofition ; nonobftant qu'il eût
„ d'ailleurs cinquante ans, qu'il fût reçu Maître depuis
„ 18 années, qu'il fût homme de bien, & qu'il eût les
„ qualités requifes : que le Confeil de Ville s'en rap-

„ porta à la décifion des Confuls, qui rejetterent l'ex-
„ traction dudit Requefens „. Que le jugement rendu
à ce fujet par les Confuls, eft produit audit Procès,
fol. 152 ; & qu'on y trouve de fuite une délibération
du Confeil de Ville du 23 Juin 1617, qui rejetta fur
le même motif l'extraction d'Antoine Bonamich, à la
même place de furpofé de Ménuifiers.

12º. Qu'IL eft expofé au 69ᵉ. defdits articles du 5
Juin 1617, tranfcrit audit Procès, folio 270 Vº. &
fuivant, „ qu'il y a deux genres de *Bourgeois de Per-*
„ *pignan*, les Immatriculés & les non Immatriculés.

13º. QUE le 7ᵉ. defdits articles, tranfcrit au fol.
271. Rº., préfente les quatre claffes fuivantes defdits
Bourgeois non immatriculés : „ *les fils*, petits-fils ou
„ defcendans des Bourgeois de matricule ; les Docteurs
„ en droit ; les Docteurs en Médecine ; & enfin, à la
„ fuite de ceux-ci, les Bourgeois de Refcrit.

14º· QUE dans les 71ᵉ. & 72ᵉ. defdits articles,
tranfcrits au même folio, il eft mis en fait que „ tous
„ les fufdits ont la même dénomination de *Bourgeois*,
„ fans jouir des mêmes prérogatives ; & qu'il *n'y a que*
„ *les feuls Bourgeois immatriculés, en la forme prefcrite*
„ *par le privilège de la Reine Marie*, qui foient admis
„ au Gouvernement municipal, & à la Confrerie de St.
„ George, & *qui jouiffent des prérogatives des Citoyens*
„ *honorés de Barcelone, en vertu du privilège du 23*
„ *Décembre 1599.*

15º. Qu'AU même Procès, fol. 161 Vº. on lit, à
la marge, *Metricules de Fills de Juffes en Burgefes ;*
& dans le corps du Manufcrit on trouve de fuite une

atteſtation contenant la liſte des Immatriculés ſuivans :

1558 - - - - Ange Riu.
1574 - - - - Joſeph Deſcamps.
1580 - - - - Honuphre Maſdemont.
1585 - - - - Jerome Pals.

1591 - - - - { Pierre Batlle,
Pierre Montalt,
Louis Font,

1595 - - - - Maximin Sobira.

16°. QUE dans les 86ᵉ., 87ᵉ., & 88ᵉ. deſdits articles expoſés par le Syndic de la Ville, & le Procureur *de la Matricule des Bourgeois*, le 5 Juin 1617, tranſcrits audit Procès, fol. 274, il eſt mis en fait qu'il étoit conſtant, Public & notoire " qu'Ange Riu, & Jacques Riu étoient fils
„ de Maître Raphaël Riu ; Joſeph Deſcamps, de Mᵉ.
„ François Deſcamps ; Honuphre Maſdemont, de Mᵉ.
„ Maſdemont ; Jerome Pals, de Me. Jean-Antoine
„ Pals ; Maximin Sobira, de Mᵉ. Giraud Sobira ; Pierre
„ Batlle, de Mᵉ. Pierre Batlle ; *Louis Font, de Mᵉ.*
„ *Gauderique Font* ; Pierre Montalt de Mᵉ. Mathieu
„ Montalt ; & que ces *fils de Docteurs ès Loix ou Juriſtes*
„ avoient été reſpectivement immatriculés en 1574,
„ 1580, 1585, 1591, & 1695, pour jouir des pré-
„ rogatives concédées aux BOURGEOIS immatriculés.

17.° QU'IL eſt expoſé au 121ᵐᵉ· deſdits articles, tranſcrit audit Procès f. 280 v°. « que pluſieurs avoient obtenu
» des reſcrits de BOURGEOIS, que ni les BOURGEOIS, ni
» même les Mercadiers, n'admettroient point à leur
» Matricule.

18°. Qu'il eſt ajoûté au 122ᵐᵉ. deſdits Articles , au même folio , « que Michel Boſc & Sebaſtien Ferar- » nau (Parties audit Procès) avoient ſollicité , pendant » pluſieurs années , leur immatriculation parmi les Mer- » cadiers, ſans avoir pû l'obtenir.

19°. Qu'il eſt enfin expoſé dans les 138 & 139ᵐᵉ. des ſuſdits Articles , audit Procès fol. 282 , v°. « qu'au- » cun Bourgeois de reſcrit n'avoit été admis au gou- » vernement municipal, pour le *Bras majeur*, qu'il n'eût » été préalablement immatriculé *avec la diſcuſſion* pref- » crite dans le privilège de la Reine Dona Marie ; & » que c'étoit ainſi qu'on en avoit uſé à l'égard d'Honu- » phre Sebater.

20°. Qu'on trouve en outre audit Procès fol. 146 & ſuivans, un privilège octroyé à la Ville de Perpignan par le Roi Ferdinand le 20 Septembre 1503 , qui diſ- poſe « que dans le cas de guerre, dorénavant, *à cœtero ,* » le premier Conſul ſeroit le Capitaine dans lad. Ville » & ſon Territoire »; & qu'au folio 196 *verſo* & ſui- vant dudit Procès , on trouve encore une confirmation de ce privilège accordée par l'Empéreur Charles-Quint, le 9 Novembre 1519 , ſur la ſupplication du Corps de ville , où il eſt ajoûté qu'*en cas d'abſence ou empéchement du premier Conſul ladite place ſeroit remplie par le ſecond , & ſucceſſivement, à leur défaut , par le troiſiéme.*

LESDITS Srs. Commiſſaires ont déclaré n'avoir plus aucune autre vérification à requerir ; & ont ſigné. *Signés* Don Antoine de ROS , Don Jean de ÇAGARRIGA , de BOQUET.

NOUS Premier Préſident , Intendant & Commiſſaire

fufdit , avons , fur la réquifition ci-deffus , vérifié que les vingt obfervations en fait propofées par les Commif-faires de la Nobleffe font conformes à la vérité ; & attendu que lefdites Parties ont déclaré n'avoir plus au-cune vérification à requerir, nous avons remis la copie dudit Procès au Sécrétaire-Greffier de l'Hôtel de Ville , pour la réintégrer dans les Archives de l'Hôtel de Ville ; & attendu l'heure tarde , avons renvoyé la con-tinuation de nôtre Procès-verbal à demain mardi , trente Juillet , à neuf heures du matin pour dix heures précifes ; & avons figné avec les Parties & ledit Me· Bofch. *fignés* BON , Don Antoine de Ros , Don Jean de ÇAGARRIGA , de BOQUET , FOSSA , de VI-LAR-HAMS , A. JAUBERT , J. JAUME , BOSCH.

Et cejourd'hui *trente Juillet* , en continuation de nôtre préfent *Procès-verbal* , ont comparu pardevant nous , Premier Préfident Intendant & Commiffaire fufdit , les mêmes Parties dénommées en la Séance du jour d'hier.

Lesdits Srs. Commiffaires de la Nobleffe nous ont repréfenté , en premier lieu , que fi les Bourgeois de Perpignan euffent été une claffe de Nobles, la Ville de Perpignan n'auroit pû réclamer en 1509 contre l'Or-dre du Roi qui avoit élevé Michel Vola à cette efpece de Nobleffe ; puifque l'Autorité fouveraine étant la four-ce & le principe de toute Nobleffe , il n'eft pas con-cevable qu'il puiffe y avoir une claffe de Nobles dont le Prince ait entiéremant abdiqué la création. Que les privilèges dont le Corps municipal étayoit fa réclama-tion , & la décifion du Roi d'Efpagne qui intervint
à ce fujet ,

à ce fujet , prouvent également , que le Roi & la Ville n'envifageoient la création des Bourgeois , que comme l'élévation d'un Membre de la commune , à laquelle les Nobles étoient alors étrangers , à une claffe fupérieure des Habitans roturiers qui concouroient à fon adminiftration. Que c'eft auffi par la même raifon , que le Roi d'Efpagne , dans ladite Lettre du 15. Avril 1525 , ne fit que *prier* les Confuls de Perpignan d'immatriculer Bourgeois ledit Modaguer , en confidération de ce *qu'il vivoit honorablement & avec aifance* ; pourvù qu'il eût les qualités néceffaires : que fi le Prince avoit voulu anoblir Modaguer , au lieu d'adreffer une fimple prière aux Officiers municipaux , il auroit accordé des Lettres de Nobleffe à celui qu'il en auroit jugé digne : qu'il ne paroît pas même que la récommandation du Prince ait eu aucun effet.

En fecond lieu , qu'il réfulte de la combinaifon des obfervations 3.e , 5.e , 6.e , 7.e , 9.e , 10.e , & 11.e , que nous avons vérifiées en la Séance du jour d'hier , qu'avant l'établiffement de la Matricule , la qualité de Bourgeois majeur n'étoit point un principe certain , & que cette diftinction étoit fi peu un état de Nobleffe , *que tous les Habitans de la Ville prétendoient être habiles pour être placés dans la Main majeure* : que le Réglement de 1449 établit les Matricules *des Bourgeois , des Mercadiers , & des Artifans* , uniquement pour couper la racine des débats que la confufion des membres du Corps municipal excitoit , & pour diftinguer ainfi les trois Ordres de la Commune qui devoient concourir à l'adminiftration de la Ville : & que le Réglement de

1499 ne confirma la forme de l'immatriculation, que comme une défignation néceffaire pour être infaculé dans les différentes bourfes des Offices municipaux : qu'à cet effet les Artifans Chefs de Métier ont été conftamment immatriculés, avant de pouvoir être infaculés : qu'il eft par conféquent ridicule de faire un principe de Nobleffe, de l'immatriculation commune à tous les ordres des Habitans.

En troifiéme lieu, qu'il réfulte de la vérification des 8e. 9e. & 19e. obfervations ci-deffus, que depuis le prétendu titre de Chevalerie de 1599, le Réglement de 1449 qui avoit affujetti les fils des Immatriculés à être de nouveau immatriculés *avec la même difcuffion que leurs peres*, fut toujours en vigueur : que cette difcuffion fut conftamment obfervée : que *les fils de Bourgeois de Matricule étoient les premiers fujets à cette cenfure*, qui rouloit fur leurs qualités perfonnelles & fur celle de leur Patrimoine : qu'il eft par conféquent évidemment faux que *cette difcuffion n'eût jamais été exécutée*, ou qu'*elle eût été abrogée par ledit privilège de 1599*, comme on l'a fuppofé dans le Mémoire anonyme des Bourgeois honorés, p. 68 : & que cette fuppofition factice eft un aveu humiliant de l'impoffibilité où l'on eft de concilier le prétendu *état permanent de Nobleffe*, la prétendue *tranfmiffion perpétuelle* de cet état par le fang, avec une diftinction dont le titre doit être renouvellé à chaque génération, avec *la même difcuffion* prefcrite pour la création d'un Bourgeois.

En quatriéme lieu, qu'il eft démontré par la vérification de la 12e. obfervation, des quatres fuivantes,

& précédemment de la 8e·, que la dénomination de *Bourgeois de Perpignan* a été commune aux simples Gradués : que les fils des Juriftes ont été admis à la Matricule des Bourgeois , comme *fils de Bourgeois* , ainfi que nous l'avons encore vérifié dans nôtre Procès-verbal du 27 Juin dernier & jours fuivans : que les Bourgeois honorés ont dit avec raifon dans leur Mémoire anonyme p. 86 , que la *fubftance des chofes doit déterminer le fens de leurs appellations* ; qu'en adoptant ce principe , on doit conclure qu'une dénomination commune aux Gradués & aux Bourgeois immatriculés , indique affez que le fond de leur état eft *fubftanciellement* le même , c'eft-à-dire ; un état honorable , auquel la jouiffance des prérogatives de la Nobleffe eft attachée , quoique par des titres , & fur des motifs différens : que c'eft là ce qui eft bien clairement rendu dans l'Ordonnance du Comte de Montemar de 1723 (Piéce de n°· 1er· produite par les Expofans) où les Citoyens honorés de Barcelone & les Bourgeois de Perpignan fe trouvent à la fuite des Docteurs en Droit & en Médecine , comme formant avec eux *une même claffe de Nobles* (honoraires) en qualité *d'exempts & de privilégiés* : que par la même raifon, dans les rôles des Impofitions de la Nobleffe de Rouffillon, (que les Expofans nous fupplient de nous faire repréfenter lorfque nous drefferons nôtre avis) rôles qui comprennent tous les Nobles honoraires, tels que les Eccléfiaftiques qui ont des biens patrimoniaux, les fimples Gradués, les Plébéiens poffeffeurs des terres en Juftice, les Poffeffeurs de ces terres ont toujours formé & forment encore, à la fuite des vrais Nobles, une claſſe de contribuables *qui a la prééminence ſur celle des Bourgeois honorés.*

En cinquiéme lieu , que la 4e. obſervation par nous vérifiée ci-deſſus , préſente deux réflexions également intéreſſantes ; la première, qu'en 1617 , le Corps de Ville & les Bourgeois de Matricule ne regardoient la conceſſion de 1599 , que comme telle qu'elle eſt réellement , c'eſt-à-dire un privilège qui attribuoit aux Bourgeois de Perpignan *la jouiſſance des prérogatives des Citoyens honorés de Barcelone ;* la ſeconde, qu'on étoit convaincu que cette jouiſſance étoit attachée à la Matricule de nos Bourgeois , par la déclaration du 23 Décembre 1599 , interprétative dudit privilège ; de maniere que ceux qui avoient été immatriculés dans la forme preſcrite par ledit privilège de la Reine Marie de 1449 , pouvoient ſeuls participer aux effets de la nouvelle conceſſion ; ce qu'on regardoit comme ſi conſtant , que dans l'énumération des quatre claſſes de Bourgeois non matriculés , le Corps de Ville & les Bourgeois de Matricule plaçoient les Bourgeois de reſcrit , après les ſimples Gradués , comme il réſulte de l'obſervation précédente.

En ſixiéme lieu , que les faits de notorieté prouvés par la vérification de la 17e. obſervation & de deux ſuivantes , ne permettent pas d'enviſager comme des Nobles , *ces Bourgeois créés par le Prince , que les Bourgeois immatriculés ni même les Mercadiers ne vouloient point admettre à leurs Matricules ;* qui ſollicitoient inutilement , pluſieurs années après avoir obtenu des prétendus titres de Chevalerie, d'être immatriculés dans le fecond Ordre de la commune , & qui ne furent jamais immatriculés qu'avec la difcuffion prefcrite par le Réglement de 1499 pour la création d'un Bourgeois.

EN feptiéme lieu enfin, qu'il eft du dernier ridicule de forger un titre de Nobleffe , *depuis l'expulfion des Sarrafins* , du commandement de la Milice attribué au premier Conful de Perpignan, par ledit privilège de 1503; & dont l'exercice eft confié au troifiéme Conful (*Mercadier*) dans le cas d'abfence ou d'empêchement des deux premiers : que d'ailleurs les piéces produites par l'ordre des Avocats dans nôtre Procès - verbal du 27 Juin & jours fuivans, prouvent démonftrativement qu'un Docteur en Droit (Gauderique Font, défigné comme tel audit article 86 , ci-deffus par nous vérifié) a été le premier Commandant de cette Milice ; & que la derniere fois qu'elle a été levée, un Avocat non immatriculé, en a été le Colonel. Que l'époque de l'établiffement de cette Milice , plufieurs fiécles après la divifion de la Commune en trois claffes, appellées *main majeure, main mitoyenne, & main mineure* ; la forme de fa compofition *des feuls Habitans de la Ville & de la Banlieuë* ; fon exiftence bornée par les titres conftitutifs, *au feul temps de guerre* ; le commandement attribué aux Officiers municipaux de différentes claffes , & nullement aux Bourgeois immatriculés , ne laiffent voir que les idées romanefques de l'Ecrivain des Bourgeois honorés, dans ces vaines fuppofitions, qu'il a fait inférer, par furprife, au préambule du Réglement municipal de 1768 , *la* prétendue *conftitution guerriere* fuppofée *exiftante depuis le douziéme fiécle* ; *la* prétendue *confédération* militaire *de la ville de Perpignan &*

des autres Villes & Bourgs de la Province, préfentée comme le principe de la divifion des habitans en trois claffes ou *mains*, pour prêter aux Bourgeois majeurs une illuftre origine.

Que c'eft en vain que l'ancien Agent des Bourgeois, chargé par les délibérations du confeil de Ville des 27 Juillet & 19 Août 1766, de fournir les inftrućtions rélatives audit Réglement, a voulu, dans un anonyme, couvrir fes agences *du voile du myftere*, & faire *un fecret d'état de fes inftructions* : qu'il a tenté vainement d'en impofer, en préfentant, fous un nom refpećtable, l'ouvrage de fes fuggeftions : qu'on voit à découvert dans fes Lettres du 6 Août 1766, dépofées au Sécrétariat de l'Hôtel de Ville, citées dans nôtre Procès-verbal du 27 Juin & jours fuivans, qu'il a abufé des *lettres de créance indéfinies & fans modification* qu'on avoit eu la facilité de lui donner *auprès des Miniftres* : que les louanges données à cet Agent perpétuel, par le corps des Bourgeois, dans l'affemblée du 28 Mars 1770, dont le Verbal a été remis au bureau de l'Intendance le 31 Juillet fuivant, *fur fon zèle*; & les offres faites en fon nom au corps affemblé, dont il a toujours été l'organe, manifeftent l'effet de fes intrigues, & qu'il eft l'auteur des difpofitions attributives de Nobleffe en faveur de ce corps, étrangeres à l'objet du dernier Réglement municipal : que ce n'eft là qu'une voie oblique employée pour faire préjuger l'ancienne conteftation.

Que la Nobleffe refpećte les conceffions des Souverains par-tout où elles fe trouvent; mais qu'elle a cru devoir s'oppofer aux extenfions que l'intrigue & la fuggeftion peuvent leur avoir données : qu’on ne contefte pas à la ville de Perpignan le droit de créer des bourgeois honorés, qui jouiffent de toutes les prérogatives de ceux de barcelone, conformement au privilége du 13 Juillet 1599, & à la déclaration du 23 Décembre fuivant ; mais que ces titres ont laiffé nos Privilègiés dans leur ancien état de *Bourgeois*, en le décorant de nouvelles prérogatives ; & qu’il eft démontré foit dans nôtre préfent Procès-verbal, foit dans le précédent, que ni les refcrits du Prince qui conférent cet état de *Bourgeoifie*, ni la création des bourgeois de Matricule, n’ont aucun rapport avec les Lettres d’anobliffement.

Que la Nobleffe qui traitoit au Procès par nous vérifié, les bourgeois de refcrit, de *Perfonnes viles*, ne regardoit les bourgeois de Matricule *unis aux Docteurs en Droit*, que comme une claffe de notables Habitans ; auxquels elle s’affocia, fans jamais fe confondre avec eux : que pour éviter cette confufion, elle obtint par le réglement de 1601, que les Nobles de différentes claffes admis au gouvernement municipal, auroient des bourfes particuliéres, étiquettées bourfes de Nobles (*Bolfes de Militars*) ; tandis que les bourgeois immatriculés, & les Gradués leurs pairs, feroient infaculés pêle-mêle dans ces mêmes bourfes étiquetées *Bourfes de Bourgeois* : qu’en les admettant en 1601, *par une correfpondance de courtoifie*, & avec proteftation, à la Confrérie de St. George ; & en les excluant, depuis l’extinction de cette pieufe Société, de toutes fes Affemblées, elle avoit conftamment manifefté qu’elle ne les reconnoiffoit point pour une claffe de Nobles : qu’auffi dans deux Réglemens de 1733 on les voit encore contraſter avec *le corps de la Nobleſſe* ou *l'ordre des Gentilshommes.*

QUE les Bourgeois honorés étoient ainſi dans un état notoire de roture, lorſqu'ils formerent en 1738 le projet de ſe faire déclarer Nobles, & de s'élever au-deſſus des gradués leurs anciens Pairs; lorſque dans leur Requête introductive de l'ancienne inſtance, ils ſupplioient Sa Majeſté, *d'agréer qu'ils n'employaſſent plus dans leurs qualités & dans leurs Matricules, le terme françois de Bourgeois; qui, diſoient-ils, ſuivant l'idée qu'il préſente, & la déciſion des Commiſſaires nommés en 1567, pour la recherche des faux Nobles dans le Royaume, ne ſauroit convenir qu'à des Roturiers.*

QUE le corps de la Nobleſſe aſſemblé le 12 Septembre 1738, auquel ladite Requête des Bourgeois immatriculés fut communiquée, prit une Délibération retenue par Mᵉ· Vaſſal, Notaire de Perpignan, de s'oppoſer aux demandes de ces derniers, & nomma à cet effet pour ſes Commiſſaires feu Don Etienne de Blanes, Marquis de Millas, & Don Antoine de Reart.

QUE ces Commiſſaires, dans la Requête au Roi imprimée en 1739, conclurent " 1°· à ce que les Bour-
" geois honorés fuſſent déclarés non-recevables dans
" leurs demandes, & ſubſidiairement mal fondés : 2°· au
" rejet des piéces informes, erronnées, & infidelles
" produites par les Bourgeois : 3°· à ce qu'il ne fût rien
" innové dans le Gouvernement politique de la Ville
" de Perpignan, ou qu'il plût autrement à Sa Majeſté,
" caſſer & annuller la tranſaction paſſée entre la No-
" bleſſe & le Corps de Ville, & remettre les Parties

au

„ au même état qu'elles étoient auparavant : 4° à ce
„ que les Commiſſaires de la Nobleſſe fuſſent reçus, en
„ tant que de beſoin, oppoſans à l'exécution de l'Arrêt
» du Conſeil du 13 Septembre 1702, qui avoit dé-
„ claré les Bourgeois honorés exempts du droit de
„ Franc-Fief, & de tous autres où la Nobleſſe n'avoit
„ pas été Partie : 5° qu'il leur fut fait défenſes de pren-
„ dre aucunes qualifications de Nobleſſe, & de ſe qua-
„ lifier autrement que *Bourgeois honorables & immatricu-*
„ *lés*, avec défenſes à tous Juges, Notaires, Tabellions,
„ &, de leur donner d'autres qualités : 6° que toutes
„ les autres qualités par eux priſes, fuſſent rayées & bif-
„ fées : 7° que les Timbres qu'ils pouvoient avoir mis
„ à leurs Armoiries, ſans aucune conceſſion, fuſſent la-
„ cérés & rompus. » Les Expoſans nous ont déclaré que
leur Ordre perſiſte encore dans ces concluſions.

Ils nous ont au ſurplus obſervé que les Bourgeois
honorés ſe départirent dans ledit verbal dreſſé par M.
d'Albaret le 6 Février 1744, des concluſions de leur
première Requête, concernant les innovations qu'ils
avoient voulu introduire dans le Gouvernement Municipal, & des diſtinctions qu'ils avoient prétendues ſur les
Avocats ; qu'ils y abandonnèrent en outre les pièces join-
tes à ladite Requête, dont les Commiſſaires de la Nobleſſe avoient demandé le rejet ; mais qu'en concluant à
l'exécution dudit Arrêt du Conſeil de 1702 & des
Lettres patentes données ſur icelui, ils perſiſtèrent à vou-
loir ſe faire déclarer *Nobles & Gentils-hommes, &c.*

Que la Nobleſſe ne s'oppoſera point à ce que les
Bourgeois honorés jouiſſent de l'exemption du droit de

franc-fief, comme Privilègiés, (fi Sa Majefté trouve à propos de leur confirmer cette exemption) ainfi que les BOURGEOIS de plufieurs Villes du Royaume en ont autrefois joui, en vertu des conceffions particuliéres des Rois Prédeceffeurs, revoquées depuis ; mais qu'elle s'op-pofe toujours formellement, à ce que les BOURGEOIS hono-rés s'arrogent cette exemption comme inhérente à leur État prétendu de Nobilité.

QU'AUX termes de la Déclaration du 22 Février 1665, *la véritable Nobleffe a intérét d'étre diftinguée, dans toutes les Provinces du Royaume, de ceux qui ne jouiffent que par ufurpation des Titres qui n'appartiennent qu'à elle feule.*

QUE fur ce principe, la Nobleffe a été en droit de réclamer contre la furprife faite au Gouvernement, dans la rédaction des Lettres patentes en forme d'Edit du mois d'Août 1768, concernant la municipalité, don-nées fur les inftructions fabuleufes du Sr. Abbé Xaupi, Agent du Corps des BOURGEOIS honorés, & Syndic par-ticulier de la Ville de Perpignan.

QUE d'abord la Nobleffe n'a pû voir qu'avec éton-nement, que ce Syndic ait fi peu refpecté la Majefté du Légiflateur, qu'il lui ait fait tenir (dans le préambule) un langage contraire à tous les monumens.

QUE dans ce début, étranger à l'objet du nouveau réglement, (*la municipalité*) ledit Syndic n'a eu en vue que de donner du corps aux fables qu'il avoit mifes au jour précédemment fur la prétendue Nobleffe des Bourgeois honorés : qu'il a voulu faire dériver d'une conftitution militaire, une diftinction municipale, dont l'établissement est marqué dans la lettre des anciens Réglemens ; pour prêter aux Bourgeois dont il étoit l'organe, une origine propre à l'ancienne Noblesse, sur une fausse application des loix féodales.

QUE dans le Corps de la nouvelle loi, il a fait supprimer la dénomination primitive, qui caractérise dans tous les anciens monumens, dans tous les réglemens précédens, cet état de *Bourgeoisie* ; & que par une suite du changement de nom qu'il avoit hasardé dans ses Recherches, p. 100, il a fait substituer dans l'Edit à la dénomination caractéristique de *Bourgeois*, celle de *Citoyens Nobles*, formellement contestée par la Noblesse, en ladite instance pendante au Conseil depuis 1738.

QU'ON pourroit abandonner aux Bourgeois de Perpignan cette nouvelle dénomination, *comme synonime de celle de Bourgeois honorable* (ainsi que leur Écrivain l'assûre dans ses recherches, p. 351) ; *sans que cette qualification changeât en rien le fond de leur état*, aux termes de l'art. II. de l'Edit ; si leur Agent n'eût abusé de cette qualité empruntée, pour les faire figurer comme de vrais Nobles, dans les dispositions de ce réglement municipal, au préjudice de l'ancienne litispendance.

QUE dans leur Mémoire anonyme, p. 89, il leur a fait avouer que *la dénomination de Gentilshommes*, pour désigner les Nobles qui alternent avec eux à l'Hôtel de Ville, *étoit passée en style depuis 1660 :* (il auroit pu dire depuis 1438.) *Qu'elle avoit été employée dans les Arrêts, & les autres rescrits émanés de l'Autorité royale ; & qu'on dit vulgairement en Roussillon, que les*

Citoyens Nobles (il auroit dû dire *les Bourgeois hono-*
rés.) *Ne font jamais Gentilshommes.*

QUE pour étouffer le cri de la notorieté publique,
& pour faire perdre de vue l'oppofition des Bourgeois
(réunis aux Gradués en droit, fous la dénominations
unique de *Bourgeois*) aux vrais Nobles, dans les articles I, II, III, VIII, XII, XIII, XVIII, XIX, & LXXXV,
il a fait figurer, comme *une divifion de Nobleffe*, *les*
prétendus *Citoyens Nobles* ; en alternative avec les vrais
Nobles, défignés fous la dénomination de *Chevaliers*,
qu'il a fuppofé ne former qu'une autre claffe ou *divifion*
de Nobleffe.

QUE les Bourgeois honorés ayant convenu dans leur
Requère au Roi imprimée en 1742, p. 5, que depuis
la conftitution de Pierre III (IV) Roi d'Aragon, de l'an
1363, qui impofa *à tous les Généreux la néceffité de re-*
cevoir la Chevalerie dans l'année, faute de quoi ils ne
feroient point tenus pour Généreux, la Chevalerie n'a plus
été en Catalogne qu'une portion de l'anobliffement, & n'a
plus fervi que pour introduire un Roturier dans le Corps
de la Nobleffe ; une *divifion de Nobleffe*, compofée de
Nobles qui ne font pas Chevaliers, eft un paradoxe ré-
voltant. Que l'Écrivain des Bourgeois, en les excluant
du Titre de Chevaliers dans l'Edit, écrafe encore fous
le poids de la contradiction, les Lettres de Chevalerie
qu'il a voulu leur prêter : que dans fon fyftéme, fes *Cito-*
yens Nobles font des *Chevaliers non Chevaliers*, & par
conféquent des Roturiers *non encore introduits dans le*
Corps de la Nobleffe.

QUE cependant dans l'article II. de l'Édit, il fait autorifer ces demi-Nobles, à *vérifier conjointement avec les Chevaliers*, les Titres des Anoblis & des Nobles étrangers qui s'établiront à Perpignan ; comme s'ils étoient eux mêmes des Membres du Corps de la Nobleffe, feul intéreflé à cette vérification. Que *tous les Anoblis par lettres ou par charges, étant compris* dans cet article, *fous la dénomination de Chevaliers, bien qu'ils n'ayent pas reçu la Chevalerie ;* c'eft une contradiction évidente, de faire *une divifion de Nobleffe*, de ces Bourgeois que le même article exclud de la dénomination de Chevaliers, & que leur Ecrivain, promoteur de l'Édit, a fuppofé avoir reçu la Chevalerie.

Que dans l'article XVIII, il a fait arracher des bourfes communes aux Bourgeois immatriculés & aux Gradués, l'ancienne étiquette, *Bourfe de Bourgeois*, qui caractérifoit l'identité d'état de tous ces Nobles honoraires ; & il a fait ordonner qu'à l'avenir elles feroient étiquetées, bourfes *de Citoyens Nobles ou Docteurs en Droit ;* comme fi les Gradués & leurs Enfans n'étoient pas depuis le réglement de 1499, *intrinféquement*, bourgeois honorés : que c'eft encore pour faire perdre de vue cette identité d'état, que le Syndic, dans l'article XV, a fait attribuer dans les Confeils de Ville aux prétendus Citoyens Nobles, une préférence fur les Avocats, dont ils s'étoient défiftés en 1743, & dans le verbal dreflé par M. d'Albaret en 1744 : qu'il a fait *affocier* uniquement dans le même article à fes prétendus Nobles, les Avocats, *après cinq années d'exercice de leur profeffion ;* fuppofant ainfi toujours que les

Gradués étoient d'un état inférieur à celui des Bourgeois honorés.

Que les Syndics de ce Corps, dans leur Requête imprimée, remise au Bureau de l'Intendance le 31 Juillet de l'année derniere, p. 4 & 6, semblent avoir reconnu qu'ils ne peuvent soutenir ces distinctions contraires à leurs désistement ; en déclarant qu'ils *ne contestent rien aux Avocats, & qu'ils consentent qu'ils soient rétablis dans leurs droits.*

Que la Noblesse s'étoit déjà opposée en 1739, à *toute innovation* à cet égard : qu'elle a un intérêt évident à faire rétablir l'exécution des anciens réglemens, suivant lesquels les Gradués & leurs Enfans forment, *spécifiquement,* avec les Bourgeois immatriculés, un même ordre, sous la dénomination *de Bourgeois ;* afin que ces Nobles honoraires, attachés, par leur dénomination caractéristique, à leur véritable sphere, ne puissent jamais prétendre former *une division de Noblesse réelle* : que la distinction des *Bourses des Bourgeois,* des *Bourses des Nobles,* est une des conditions sous laquelle la Noblesse consentit en 1601, à s'agréger au Corps municipal : qu'en conséquence, si l'innovation qui détruit cette condition, est soutenue, la Noblesse supplie Sa Majesté de lui permettre de se départir de ladite association.

Les Exposans nous ont encore représenté que la Noblesse étoit exempte des charges municipales, par la disposition des Loix publiques de Catalogne & de Roussillon, lorsqu'elle consentit en 1601, par convention avec le Corps municipal de Perpignan, à concourir à l'administration de cette Ville ; sans préjudice de son exemption dans les autres Villes & Bourgs de la Province ; où les Bourgeois honorés concouroient avec les autres Habitans Plébéïens au Gouvernement municipal.

Que l'Agent des Bourgeois , qui cherche toujours à les confondre avec les Nobles , a fait détruire l'immunité de la Noblesse , par les dispositions que renferment les articles LVI , LXXXII , & LXXXV de l'Édit qu'il a provoqué.

Que la réclamation de la Noblesse contre les dispositions de ce Réglement municipal , arrachées par surprise , au préjudice de l'ancien litige , est d'autant plus juste ; que les prétentions des Bourgeois honorés autorisées par la nouvelle Loi , se trouvoient anéanties dans la Requête & le Mémoire que les anciens Commissaires de la Noblesse firent imprimer en 1739, auxquels ils joignirent quarante-huit piéces justificatives , dépofées au Bureau de l'Intendance.

Que les Expofans , défirant accélerer , auroient remis pendant nôtre abfence , le 24 Novembre & 22 Décembre dernier , au Bureau de l'Intendance , les vingt-une piéces détaillées dans un inventaire & une continuation d'inventaire , certifiés par nôtre Subdélegué général, qu'ils nous ont exhibés ; & auroient fait fommer ledit Corps des Bourgeois honorés , par acte notifié à fes Syndics , en la perfonne du Sr. Balalud St. Jean l'un d'entr'eux , par exploit du 24 dudit mois de Décembre , d'en prendre communication , dans trois jours , & de répondre , fi bon leur fembloit , dans le délai de trois mois , au Mémoire imprimé produit

par les Expofans ; après lequel délai , lés Expofans nous
fupplieroient , fi nous étions de retour dans la Province , de dreffer Procès-verbal de leurs réquifitions &
conclufions ; & pourfuivroient enfuite , pardevant Sa
Majefté , le Jugement définitif de l'Inftance dont la
continuation a été ordonnée par l'Arrêt du Confeil du
18 Novembre 1769.

Que les Expofans nous fupplient de leur donner
acte de ladite remife déjà faite , contenant les piéces
fuivantes.

1º. Une expédition fur papier timbré , dûement légalifée d'une Ordonnance rendue par le Comte de Montemar , Gouverneur-Général de la Catalogne , le 20
Septembre 1723 , en Caftillan , au fujet de l'exemption
du logement des Gens de Guerre : portant » que les décla-
» rations de Sa Majefté (Catholique) des années 1708 &
» 1716 comprennant dans la claffe des Nobles , les
» Privilégiés & les Exempts ; & les Docteurs en
» Droit & en Médecine , les Citoyens honorés de Bar-
» celone & les Bourgeois de Perpignan , jouiffant com-
» me ils jouiffent des prérogatives de la Nobleffe ; tous
» ceux-ci . . . . doivent être placés dans la même claffe
» des Nobles.

2º. Une expédition , fur papier timbré , dûement
légalifée d'une délibération du Corps municipal de la
Cité de Barcelone , du 12 Août 1727 , relative à
l'exécution de l'Ordonnance du Comte de Montemar
énoncée au précédent article.

3º. Une expédition , fur papier timbré , collationnée
par le premier Commis au Greffe de la royale Audience

dience de Catalogne , exerçant les fonctions de Greffier en Chef, des Lettres de Chevalerie ou Anobliffement accordées par Philippe V. Roi d'Efpagne, à Jofeph braffo, *Citoyen honoré de Barcelone , décedé* , & à fes enfans , données à Aranjués le 18 Mai 1741.

4°· Une expédition de ladite délibération du Corps de la Nobleffe du 2 Avril 1770 , qui renferme la commiffion donnée aux Expofans.

5°. Un exemplaire du Mémoire, que les Expofans ont fait imprimer l'année derniere, chez Le Comte, à Perpignan ; fous le Titre, *d'Obfervations Hiftoriques & critiques fur le droit Public de la Principauté de Catalogne , & du Comte de Rouffillon , &c* ; pour fervir à *l'entiere réfutation des écrits du Sr. Abbé Xaupi , fur la prétendue Chevalerie des Bourgeois honorés* ; dans lequel Mémoire, figné des Expofans & de l'Avocat chargé de l'inftruction de la caufe, pardevant nous , les Expofans concluent à la révocation des articles I, II, III, VIII , XII, XIII, XV, XVIII, XIX, LVI, LXXII, & LXXXV du fufdit Edit du mois d'Août 1768 ; & perfiftent au furplus dans les conclufions prifes par les Anciens Commiffaires de leur Ordre, dans ladite Requête au Roi, imprimée en 1739.

6°. Une atteftation, fur papier timbré , fcellée du Sceau de la royale Audience de Catalogne, donnée par Don François Prats & Matas Greffier en Chef de ladite Cour ; contenant « que dans aucune des Cham-
» bres de cette Cour, on ne permet aux *Citoyens honorés de* Barcelone, ni aux *Bourgeois* de Perpignan,
» de s'arroger le prénom de *Noble*, ni de mettre la

K

» particule *de*, devant leurs noms ; & que lorfqu'ils
» prennent ces marques de Nobleffe, la radiation en eft
» ordonnée.

7°· UNE expédition, de l'Ordonnance de Pierre II.
Roi d'Aragon du 7 des calendes de Mars 1196, qui
accorde aux Habitans de Perpignan le droit de commune.

8°· UN extrait du commentaire de Caravitta fur les
Statuts de l'Ordre de Malte, collationné par le Vice-
Chancellier de l'Ordre, le 28 Novembre 1738, fcellé
de la *Bulle* ou Sceau du Grand-Maître.

9°· UNE expédition collationnée par le même Vice-
Chancellier, & fcellée, du décret du Confeil du même Ordre du 2 Mai 1643, « portant commiffion aux
» Freres de la vénérable Châtellenie d'Empofte, de
» s'enquerir & vérifier qu'elle eft la qualité des Citoyens
» de Valence &c... Et que jufques à ce que le Confeil
» foit inftruit des objets des informations, nul qui n'ait
» d'autre qualité que celle de Citoyen de Valence, ne
» pourra être admis au grade de Chevalier, &c. »

10°· AUTRE expédition collationnée & fcellée comme la précédente, du décret du Confeil de l'Ordre du
8 Mai 1655, qui *rejette les preuves de Nobleffe de Don
Felix de Miro*, quant *aux quartiers d'Audinet & d'Al-
berola*, qu'on jugea être de *Citoyens honorés de Valence*.

11°· AUTRE expédition collationnée & fcellée comme la précédente, du décret rendu par le *Confeil com-
plet* du même Ordre, le 19 du même mois & an, con-
firmatif de celui qui eft rapporté au précédent article.

12°· AUTRE expédition collationnée & fcellée comme les précédentes, du décret du même Ordre du 23 Juillet 1658; portant « que la Religion étant informée » que des Citoyens du Royaume de Valence, qui, en » vertu d'un Privilège du Roi Alphonse III, ou d'un » autre Prince, jouissent de certaines franchises & pré-» rogatives affectées dans le pays aux Gentilshommes, » *fans avoir la Nobleſſe héréditaire & généreuſe, réquiſe* » *pour la réception des Freres Chevaliers de l'Ordre*, ont » été aſſés oſés pour prétendre d'être reçus en cette qua-» qualité ; l'Éminentiſſime & Réverendiſſime Seigneur » Grand-Maître & le vénérable Conſeil, *voulant répri-» mer cette téméraire préſomption* ; en adhérant au vrai » ſens des Statuts de l'Ordre, & à ſes antiques coutu-» mes... Enjoignent à la vénérable Châtellenie d'Em-» poſte, & à l'Aſſemblée du vénérable Chapitre Pro-» vincial, d'obſerver ponctuellement les Statuts, & de ne » point admettre de tels Aſpirans, contre les anciens » uſages ; l'eſprit & la pratique de la Religion n'ayant » jamais été que parmi les quatre quartiers requis pour » la reception des Chevaliers, *il pût en être admis quel-» qu'un des ſuſdits Citoyens* ; & que ſi on en avoit reçu » quelqu'un par hazard, ce *n'avoit été que parce qu'on* » *ignoroit qu'il fût tel, &c.*

13°. UNE expédition collationnée par Joſeph Diome-des Claude, Greffier de la Cour Apoſtolique, le 13 Novembre 1740, de deux déciſions de la Rote Romai-ne, l'une du 29 Novembre 1660, *coram Veroſpio*, & l'autre du Lundi 14 Janvier 1664 ; portant que « les » Citoyens honorés ne doivent pas être reçus dans l'Or-» dre de Malte » ; avec révocation des déciſions pré-

cédentes données par la Rote, pardevant le R. P. Al-
bergoti.

14°. Une copie collationnée des articles exposés *en
1632*, par Narcis Batlle *Bourgeois honoré de Perpignan*,
dans un Procès qu'il apportoit en l'Officialité du Diocèse
d'Elne, contre la Communauté des Prêtres de cette
Cité, contenant que « les Bourgeois de Perpignan *n'é-
»* *toient point ni Chevaliers, ni Nobles, &c.*

15°. Un Mémoire original, en Manufcrit, préfenté,
vers l'an 1600, au Duc de Feria Capitaine Général de
la Principauté de Catalogne, par les Bourgeois honorés
de Perpignan, Signé du Docteur Pi ; dans lequel ils dé-
claroient « qu'ils n'avoient pas changé d'État par le nou-
» veau Privilège du 13 Juillet 1599 ; qu'ils n'avoient
» point été anoblis ; qu'ils étoient toujours Bourgeois;
» qu'ils avoient été uniquement égalés aux Citoyens
» honorés de Barcelone, dont l'État étoit différent de
» celui des Nobles ; & qu'ainfi le Corps de Ville de
» Perpignan n'avoit eu aucun motif pour les exclure de
» l'Adminiftration municipale, fous prétexte qu'elle
» étoit interdite aux Nobles.

16°. Une expédition collationnée & légalifée d'une
Procuration confentie par François Delfau Bourgeois ho-
noré de Perpignan, le 13 Septembre 1683, pardevant
Roffinés Notaire de Barcelone, dans lequel Acte ledit
Delfau ne mit point le *de* avant fon nom.

17°. Autre expédition, collationnée & légalifée,
des Lettres de Chevalerie ou Anobliffement accordées
audit Delfau, par le Roi d'Efpagne, le 6 Avril 1684, & du
verbal d'Armature de cet Anobli du 15 defdits mois & an.

18º. **Autre** expédition collationnée & légalifée, d'un Acte paffé par ledit Sr. Delfau, pardevant ledit Roffinés Notaire de Barcelone, le 8 Avril 1705, où le même Delfau, alors anobli, mit le *de* avant fon nom.

19º. **Un** Exemplaire de l'Arrêt de la royale Audience de Catalogne du 29 Mai 1736, imprimé à Barcelone ; qui déclare que » *les Bourgeois immatriculés de* » *Puicerda font égaux à ceux de Perpignan* : & qu'en » exécution de l'Ordonnance de Sa Majefté Catholique » donnée à Balfain le 13 Octobre 1718, les Gentils- » hommes titrés doivent avoir la premiere place dans » les affemblées municipales ; que leurs fils aînés doivent » fiéger enfuite ; après eux les Nobles de titre ; en- » fuite les Chevaliers ; après ceux-ci, *les Citoyens hono-* » *de Barcelone & les autres qui jouiffent des prérogatives* » *de la Nobleffe*, &c.

20º. **Une** expédition du Verbal de l'affemblée d'immatriculation des Bourgeois de Perpignan, du 10 Juin 1746 ; contenant une proteftation des Exconfuls Gentilshommes, » qu'ils ne confentoient point qu'on » donnât la qualité de Citoyens nobles, ni même celle » des Bourgeois nobles, aux Immatriculés ; mais uni- » quement celle *d'Honorable ou Honoraire*, qui eft celle » qui leur eft donnée par les privilèges, & par les » Arrêts du Confeil de 1672, 1702, 1714, & » 1733, &c.

21º. **Une** expédition des Lettres de *Bourgeois hono- rable de Perpignan*, accordées au Sr. François Faucond, au mois de Novembre 1768, dans la même forme que celles qui ont été vérifiées dans nôtre préfent Procès-verbal.

Pour appuyer encore leur 9ᵉ· obfervation par nous vérifiée en la Séance du 23 de ce mois, au fujet d'Honuphre Gonfalvo , créé Bourgeois en 1599 , & depuis réduit à la feconde claffe de la Communauté de Perpignan , les Expofans nous ont fait la remife d'une expédition du Verbal des extractions des charges municipales du 23 Juin 1659 , collationné par le Sécrétaire-Greffier de l'Hôtel de Ville , cottée de n. 22 ; contenant que François Gonfalvo affifta en l'affemblée d'extraction pour *la Main mitoyenne ; & qu'il y fût extrait de la Bourfe des Confuls quatriémes Mercadiers. Ce Bourgeois Mercadier* étoit petit-fils du Notaire prétendu anobli par lefdites Lettres de Bourgeoifie : c'eft ce qui réfulte des Piéces cotées de n. 116 produites en l'Inftance par les Bourgeois honorés ; où l'on voit qu'en 1737 , on voulut faire regarder par le Parlement de Touloufe ce même François Gonfalvo comme un Gentilhomme.

Les Expofans nous ont en outre fait la remife d'une expédition cotée de n. 23 , fur papier timbré , collationnée par Damien Mas & Sala , Sécrétaire du Roi Catholique, près la royale Audience de Catalogne, le 16 de ce mois, légalifée par deux autres Sécrétaires de Sa Majefté Catholique près la même Cour , contenant les Piéces fuivantes :

1°· Copie de la Requête préfentée par Don Antoine de Ros de Margarit , l'un des Expofans , qui étoit alors fur les lieux , à une des Chambres de la royale Audience de Barcelone , pour obtenir une Copie authentique des Piéces ci-après :

2°. Copie de l'Ordonnance rendue par ladite Chambre , le 15 de ce mois, conforme aux Conclusions du Suppliant.

3°. Copie de la Requête ou Supplique préfentée à la même Cour le 17 Septembre 1599 , par Jean Coronat *Bourgeois de Perpignan* , tant en fon nom , qu'en qualité de Procureur fondé des autres *Bourgeois de la même Ville y dénommés* , ainfi que dans le privilège du 13 Juillet précédent ; dans laquelle Requête ils expofoient » que quoique depuis un temps immémorial » *les Bourgeois* de Perpignan fuffent dans une paifible » poffeffion de concourir aux charges municipales . . . » & qu'ils fuffent tous Membres du Confeil général de » ladite Communauté , néanmoins ils étoient troublés » dans leur poffeffion , *fous pretexte* qu'ils avoient obtenu » du Roi, aux derniers Etats , *un privilège de Nobleffe* ; » tandis que *réellement ils avoient feulement obtenu la* » *communication des privilèges des Citoyens honorés de* » *Barcelone* , & la pure jouiffance des prérogatives ac- » cordées & à accorder à ces Citoyens , &c. » Concluant à ce que la conteftation fût évoquée pardevant ladite Cour , fur le motif qu'il étoit queftion de l'interprétation & de l'exécution des privilèges émanés de l'autorité Royale.

4°. Copie de l'Ordonnance rendue fur la même Requête , ledit jour 17 Septembre 1599 , qui ordonna l'évocation de la caufe, & nomma pour Rapporteur Me. Jerôme Torner ; & de l'Ordonnance du Rappor-

teur du même jour pour l'expédition des Lettres, citatoires , avec défenses de rien innover pendant
Procès.

5°. COPIE des Lettres citatoires accordées le même
jour auxdits *Bourgeois de la Ville de Perpignan*, contenant de leur part les mêmes expofitions, & le même
aveu qu'ils n'avoient pas obtenu un privilège de Nobleffe , *privilegium militare* , mais uniquement la communication des privilèges des Citoyens honorés de Barcelone (*cùm realiter folum obtinuerint adæquationem pri-
vilegiorum Civium honoratorum* Barchinonæ) ; aux fins de
faire affigner, pardevant ladite Cour , les confuls de Perpignan , pour voir maintenir lefdits Bourgeois dans leur-
dite poffeffion , avec défenfe de rien innover pendant
Procès.

6°. COPIE d'une fuplique préfentée au même Tribunal ,
par le Syndic defdits *Bourgeois*, & de l'Appointement rendu le 21 Janvier 1600 fur la même Requête ; dans laquelle
le Syndic expofoit «que les Confuls de Perpignan auroient
» prétendu exclure de l'Adminiftration de la Ville lefdits
» Bourgeois; fous prétexte qu'ils avoient changé d'état, &
» qu'ils avoient été anoblis par le privilège qu'ils avoient
» obtenu du Roi, l'année précédente 1599 ; & que les
» Nobles n'étoient point admis au Gouvernement mu-
» nicipal : que ladite conceffion auroit *décoré & non
» changé l'état defdits Bourgeois*, en les affociant aux
» privilèges & prérogatives des Citoyens honorés de
» Barcelone..... que partant ils avoient fupplié & fup-
„ plioient ladite Cour de déclarer que par la difpofi-
„ tion du nouveau privilège *ils n'avoient point changé*
„ *d'état*

„ *d'état ;* qu'ils étoient alors, quoique décorés de plus
„ grandes prérogatives, des *Bourgeois de Perpignan*,
» *comme auparavant ;* de telle maniere qu'ils ne pou-
» voient être admis à l'Hôtel de la députation, (Corps
repréfentatif des États généraux dans lequel les Députés de l'Ordre eccléfiaftique, de l'Ordre de la Nobleffe, & du tiers État ou *Bras royal*, étoient diftingués)
» que dans les mêmes bourfes où ils étoient infaculés
» auparavant, *& nullement comme Nobles, en aucune*
maniere, &c.

7°. COPIE de l'Inftruction donnée aux Syndics de
la ville de Perpignan députés aux États généraux tenus
à Barcelone en 1599; dans laquelle il eft rapporté *qu'au*
mois de Juin 1580, le Roi d'Efpagne avoit caffé l'agré-
gation qu'on avoit voulu faire des Nobles domiciliés à
Perpignan, au Gouvernement municipal ; & que la Ville
avoit chargé fes Députés de folliciter un privilège „ qui
„ délarât que les Bourgeois honorés de la ville de Per-
„ pignan avoient les mêmes prérogatives & prééminen-
„ ces que les Citoyens honorés de la Cité de Barcelone,
„ *& des autres Villes de la Principauté de Catalogne*
„ . . . . . *ce qui donneroit un grand luftre au Corps mu-*
„ *nicipal*, &c.

8°. ENFIN, copie d'une Requête préfentée aux Confuls de Perpignan, le 28 Juin 1600, par Louis Paulet
Bourgeois de la même Ville, dans laquelle il expofe
» qu'ayant été extrait Conful de Mer, fon extraction
» avoit été rejettée, fur ce motif *leger*, fans *fondement*,
» *infoutenable dans le droit & dans le fait*, qu'il jouif-

» ſoit du nouveau privilège accordé par Sa Majeſté
» régnante, aux *Bourgeois de Perpignan*, à l'effet de
» participer aux prérogatives des Citoyens de Barcelone :
» que quoique lui dit Paulet jouit de cette conceſſion,
» ſon état *de Bourgeois* n'avoit point changé : que ſui-
» vant la diſpoſition du droit.... *de pareils privilèges ne*
» *changent point l'état des Bourgeois* qui les obtiennent,
» mais le décorent uniquement ; ſur tout le privilège en
» queſtion ayant été accordé *à la Communauté de Per-*
» *pignan & ſur la demande de ſes Syndics*, &c·

Les Expoſans nous ont encore fait la remiſe des cinq
pièces ſuivantes ; ſçavoir, 1°· de la copie du déſiſte-
ment des Syndics des Bourgeois honorés du 15 9ᵇʳᵉ·
1743, certifiée au bas par fû Sr. Pontich l'un d'entr'eux,
remiſe alors à fû Sr. de Reart l'un des Commiſſaires de
la Nobleſſe ; ladite copie cottée de N°· 24 : 2°· de la
dite ſommation faite à la Requête des Expoſans aux Syndics des Bourgeois immatriculés, en la perſonne du Sr.
Balalud St. Jean l'un d'entr'eux, par exploit de Feret du
24 Décembre dernier ; le tout coté de N°· 25 : 3°· de
l'expédition de nôtre Procès-verbal du 27 Juin & jours
ſuivans, qui renferme nôtredite Ordonnance du 1ᵉʳ· de
ce mois, aux fins des vérifications contenues dans le préſent ; à la ſuite de laquelle ſe trouve la minute de l'exploit des aſſignations données aux Parties intéreſſées &
du commandement fait au Sécrétaire Greffier de l'Hôtel
de Ville ; le tout coté de N°· 26 : 5°· enfin de l'Aſte
notifié aux Expoſans, à la Requête des Syndics dudit
Corps des Bourgeois honorés, par exploit de Sola du 20
de ce mois, dans lequel aſte leſdits Syndics ont déclaré

qu'ils ne comparoîtroient pas fur l'affignation qu'il leur avoit été donnée le 1 2 , pour être préfens aux vérifications qui ont été faites depuis en nôtre préfent Procès-verbal.

Les Expofans nous ont obfervé qu'il n'eft rien de plus frivole que les prétextes du défaut de comparution allegués par les fufdits Syndics, dans ledit Acte du 20 de ce mois : qu'ils ont voulu regarder comme inutiles , des vérifications qui préfentent un Tableau de faits caractériftiques de la roture de leur état ; des aveux évidens du Corps entier des Bourgeois immatriculés, que les titres de leur diftinction font dépendans du Corps municipal, & fujets *à une nouvelle difcuffion* à chaque génération ; & l'aviliffement des Bourgeois de refcrit, (qu'ils ont cependant reconnus pour leurs égaux dans leur affemblée du 28 Mars 1770) réduits par l'Arrêt de 1620 & l'ancien ufage de la Communauté, à ne figurer à l'Hôtel de Ville que dans les claffes des Mercadiers ou des Artifans.

Que le défaut de comparution defdits Syndics dans nos deux Procès verbaux , n'a pour motif réel que l'impoffibilité où ils font de foutenir les titres factices de la Chevalerie idéale dont leur Écrivain a voulu les éblouir , réduits par nos vérifications à des titres de pure Bourgeoifie ; & leur conviction que la furprife faite au Gouvernement par leur Agent, ne peut être ni colorée ni foutenue *judiciairement*.

Que l'imagination de l'Écrivan de la Bourgeoifie travailleroit en vain à détruire les aveux formels faits dans le Procès dont les extraits viennent de nous être

remis dans la forme la plus authentique , que la conceſſion de 1599 *n’avoit pas changé leur état ; qu’elle ne
les avoit pas anoblis ; qu’ils étoient toujours* de ſimples
Bourgeois , *égalés aux Citoyens honorés de Barcelone :*
qu’ils n’avoient le droit de ſiéger dans les corps repré-
ſentatifs de la Nation , où les trois ordres étoient diſ-
tingués , qu’en la même qualité de *Bourgeois , comme
auparavant , & nullement en qualité de Nobles :* que par
conſéquent *les réglemens de la Communauté de Perpignan
qui interdiſoient l’adminiſtration municipale aux Nobles ,
n’étoient point applicables à leur égard.*

Que le Procès où ces aveux humilians , mais conformes à la vériré , furent faits , fut terminé par la tranſaction des 12 Septembre 1601 , (piéce cottée de let. Y ,
produite en l’inſtance par la Nobleſſe) dans lequel acte
les Conſuls de Perpignan ne rétablirent les Bourgeois
privilégiés dans l’adminiſtration municipale , que ſous
leur ancienne dénomination de *Bourgeois ; ſans donner
atteinte aux réglemens ni aux uſages & louables coutu-
mes de la Communauté* (ſuivant leſquels les Nobles
étoient exclus du Gouvernement municipal) ; & *à condition que le privilège du Roi Ferdinand* (qui avoit con-
fondu ſous la même dénomination les Juriſtes & les Bourgeois immatriculés) *ſeroit toujours obſervé.*

Les Expoſans nous ont encore déclaré qu’ils produiront & remettront inceſſamment les piéces ſuivantes (*)

(*) Toutes les piéces dont la production eſt annoncée dans ce verbal , ſe trouvent actuellement remiſes au Bureau de l’Intendance.

On y a joint une expédition , corée de N° 41 , de l’art. XLI de la
coutume de Perpignan , confirmée par Gerard dernier Comte de Rouſſillon

dont ils n'ont pu encore se procurer des expéditions.

1°. L'ORDONNANCE de Don Sanche Roi de Majarque, Comte de Roussillon, du 3 des Calendes de Novembre 1322, qui exempte des charges de la Ville de Perpignan, les Nobles qui y auroient leur domicile, sur le motif que *les personnes généreuses ne pouvoient être censées hommes de la Ville de Perpignan* ; laquelle Ordonnance (**) est transcrite au régistre de l'Hôtel de Ville appellé *livre Verd majeur*, fol. 126.

2°. LE privilège accordé par Pierre III. (IV)

---

sillon en 1162 ; qui permet uniquement aux Bourgeois de Perpignan de servir en qualité de *Soldariers* ou *Stipendiaires* des Nobles, dans leurs guerres privées ; & dispose que " que les biens-fonds desdits Bourgeois ne
,, seront jamais sujets aux loix de la guerre, ni même leurs Personnes,
,, dès qu'ils quitteront le service des *Chevaliers*, pour se retirer à Per-
,, pignan ,,. Cette piéce prouve que les Bourgeois de Perpignan n'eurent jamais *le droit de guerre* accordé par les loix nationales à tous les Nobles. *V. les Observ. de la Nobl. p.* 22, *Note* 26 , *& p.* 31 *& suiv.*

On a produit encore à l'appui des observations 3 , 4 , 5 , 7 , 8 , & 9 contenues dans ce Procès-verbal, en la séance du 23. Juillet (ci-dessus , *p.* 32 & suiv.) un extrait du Verbal de l'Assemblée de la Communauté de Perpignan du 13 Avril 1585, coté de N°. 40; où l'on voit plusieurs *Bourgeois* de rescrit dans *le Bras des Mercadiers* ou dans *la Main mineure*. Cette piéce justifie encore la Parenthèse ajoûtée dans cet Imprimé, p. 33 , lig. 25.

(**) Cette Ordonnance, dont l'expédition est cotée de N°. 28. n'assujettit les Nobles ou Généreux aux charges & impositions de la Commune, qu'autant qu'ils voudront en devenir membres , *pour participer à ses Privilèges.* Dans ce cas , elle dispose que ,, les Généreux devront s'engager avec ser-
,, ment à faire une habitation continuelle dans la ville de Perpignan ,,
,, & faire hommage & serment de fidélité au Roi, *comme ses propres*
,, *Sujets , ès mains du Baillif de Perpignan* Juge des Plébéiens) : & elle
,, prononce qu'ils seront dès-lors tenus aux mêmes services envers le Prince,
,, & aux mêmes charges à l'égard de la Communauté que les autres Ha-
,, bitans ,,. Le Roi laisse cependant aux *Généreux Perpignanois les prérogatives de leur état*, en conservant leur domicile à Perpignan : *verùm si aliqui*

Generosi

Roi d'Aragon , la veille des nones de Décembre 1347, à la Ville de Perpignan , fur la fupplication de *Bernard Olive Docteur ès droits* , du premier Conful , & d'un autre député ; (dans cette députation le Gradué avoit la préféance fur le Conful Bourgeois.) Portant que les Commenfaux de la Maifon du Roi ou de celle de la Reine, & autres privilégiés , feroient tenus de remplir les Charges de la Ville, *pourvu qu'ils ne fuffent point Nobles ou généreux* ; lequel privilège eft enrégiftré à l'Hôtel de Ville, au régiftre appellé *livre Verd Mineur*, fol. 201.

3°. LE Réglement ou Statut fait à Perpignan en 1434, enrégitré au Régitre de l'Hôtel de Ville appellé *livre des Ordinations de n.* 1 , f. 263 ; portant » que le » Bourgeois qui feroit quelque aliénation en faveur des » Perfonnes nobles ou *généreufes*, payeroit, fur fes au- „ tres biens , à la Communauté , cinq fols par livre „ du prix des biens ainfi aliénés , pour lui tenir lieu „ d'indemnité.

4°. L'ARTICLE 3 de la Tranfaction paffée le 16 Février 1438 entre le Syndic de l'Ordre eccléfiaftique & de celui de la Nobleffe , & les Confuls de Perpignan, (tranfcrite fur le même Régiftre, fol. 309) par lequel

---

GENEROSI volentes SUO PROPRIO uti PRIVILEGIO, velint habere hofpitium in dictâ Villâ, & ibidem facere refidentiam perfonalem, hoc eis nequaquam per hoc privilegium intendimus prohibere. C'eft avec cette modification qu'il confirme le privilège accordé à la Communauté par Jacques le Conquérant en 1274, qui n'eut d'ailleurs jamais aucune exécution à l'égard des Nobles. V. les Piéces cotées de Nos. 29, 30, 31, & 34. Dans toutes ces piéces on voit le contrafte perpétuel des Nobles ou *Généreux*, exempts des Impofitions de la Commune, avec les Bourgeois de Perpignan.

acte la Noblesse consentit , *pour un bien de paix* à ce que ledit Réglement fût exécuté pour l'avenir ; & le Corps de Ville consentit aussi „ qu'il fût ordonné par le „ Souverain , que les Ecclésiastiques , ni les Nobles , „ ni les Personnes de leur famille , ni leurs Commen- „ saux , ni leurs Vassaux ne fussent jamais compris „ dans les Réglemens faits ou à faire par les Consuls de „ Perpignan , en vertu du privilège qui venoit d'être „ accordé à leur Communauté.

5°. L'ARTICLE premier de l'Ordonnance du Roi Martin du 23 Août 1402 , portant réglement pour l'Administration municipale de Perpignan, enrégistrée audit *livre Verd mineur*, fol. 316 ; portant que *la Main majeure demeureroit composée de Bourgeois & Mercadiers honorés ; & que nul qui put décliner le for du Baillif de Perpignan, ne pourroit être admis aux charges municipales.*

6°. LE PREMIER article de l'Ordonnance du Roi Alphonse, du 30 Octobre 1419 , régistrée au même *livre Verd mineur*, fol. 410 , portant également, *que la Main majeure seroit composée des Bourgeois & Mercadiers honorés.*

7°. L'ARTICLE Ier. de l'Ordonnance du même Prince du 12 Juin 1431 , contenue au même Régistre , fol. 435 , qui renouvelle la disposition de celle de 1419.

8°. LES Instructions données par le Corps de Ville aux Syndics députés aux Etats généraux de Catalogne tenus à Monçon en 1585 , & les trois Placets présentés au Roi Catholique par lesdits Députés , pour obtenir un privilège qui accordât au *Bras* ou état *des Bourgeois honorés de Perpignan*, la communication des prérogatives des Citoyens de Barcelone , & la permission d'intervenir aux exercices militaires de la Confrerie de St. George ; & les Réponſes du Prince pour la négative. Ces Piéces ſont au Régiſtre ou Liaſſe de *Corts*.

9°· Le Verbal de l'aſſemblée de la Communauté de Perpignan du 23 Juin 1600 ; dans laquelle les Bourgeois dénommés au privilège de l'an 1599, ſoutinrent » que par cette conceſſion ils n'avoient point » ceſſé d'être *Bourgeois* : que c'étoit ainſi que le Roi » les appelloit encore dans l'ampliation de leur privilè » ge : que par conſéquent ils n'avoient point changé » d'état comme il conſtoit plus au long par la même » ampliation ; & qu'ainſi ils devoient avoir le ſuffrage » aux Conſeils de Ville ». Cette Délibération eſt au Régiſtre des années 1599 & 1600, fol. 81.

10°· Un projet d'inſtruction couché ſur un Régiſtre de l'Hôtel de Ville de l'an 1610, pour les Syndics que la Communauté députeroit aux premiers États généraux ; où la teneur du Réglement de 1449, & ſon exécution conſtante à l'égard de l'immatriculation des Fils des Bourgeois avec la même diſcuſſion preſcrite pour la création des Bourgeois, ſont rappellées ; & il eſt exprimé que les Nobles déjà agrégés au Gouvernenement municipal, n'intervenoient point alors aux aſſemblées d'immatriculation : que *le Bras ou état des Bourgeois immatriculés diminuoit*, &c.

11°· Enfin, le bref accordé par Don Emanuel Pinto, Grand-Maître de l'Ordre de Malte au Sr. Dominique de Çagarriga Gentil homme de cette Province, le 13 Avril 1771, portant diſpenſe pour le quartier *d'Eſprer*, de ſon Ayeule paternelle, en ces termes : *licet nullas Nobilitatis*

Nobilitatis quarti ſeu Familiæ Eſprerſuæ Aviæ paternæ, *probationes faciat* ; & ils produiront encore la diſpenſe accordée à un autre Gentilhomme , pour une autre quartier de Bourgeois immatriculé : nous obſervant que *Dominique Eſprer* , de qui ledit Sr. de Çagarriga deſcend , *fut immatriculé Bourgeois de Perpignan en 1668* , ainſi qu'il réſulte du relevé des Matricules , par nous vérifié dans nôtre Procès-verbal du 27 Juin dernier & jours ſuivans ; & que ces diſpenſes prouvent l'intrigue de l'affaire du Sr. Ponſich dont les Expoſans ont parlé dans leur Imprimé , p. 514 & ſuivantes. (*)

(*) L'Ecrivain des Bourgeois honorés aſſûre dans ſes Recherches, p. 325, „ que Don Gerard d'Oms fut reçu Chevalier de Malte en 1684 avec „ un quartier de Citoyen noble (*Bourgeois*) de Perpignan „ ; & à la page ſuivante , " que le quartier de l'Ayeule paternelle du Chevalier de Tord „ reçu vers l'an 1600 , comprenoit quatorze ans de *Citoyen de Matricule* , „ & dix de *Citoyen de reſcrit* „ . Il a ajoûté que „ les deux Préſentés „ obtinrent des diſpenſes pour ces quartiers , *uniquement parce qu'ils* „ *ne montoient pas au centenaire* „ . Le ton d'aſſûrance avec lequel on avoit hazardé ces ſuppoſitions , a induit en erreur l'Auteur des Obſervations de la Nobleſſe , p. 508 ; où il a dit que ces prétendues diſpenſes tomboient ſur la Roture abſoluë deſdits Quartiers. Il vient de vérifier aux Archives du Grand-Prieuré de Catalogne , à Barcelone , ſur les Procès-verbaux des preuves de ces deux Chevaliers, faites reſpectivement au mois d'Août 1685 , & au mois de Juin 1702 , que tous les Témoins ouis dans les informations publiques & ſecrettes , dépoſerent unanimement que *les Préſentés étoient Chevaliers de tous les quatre Quartiers depuis* *plus de cent ans* ; & qu'en conſéquence ils furent admis ſans aucune diſpenſe.

On a fait la même vérification à l'égard des preuves faites par Gaſpard de Reart en 1667 , & par Don Ignace de Campredon en 1696.

On a enfin vérifié que l'ordre de Sa M. C. [du 19 Décembre 1760] cité ſans date dans les Obſervations anonymes des Bourgeois honorés , p. 13 , portant " que la Bulle du Pape expédiée à l'inſtance du Prieuré „ de Catalogne & du Conſeil de la Religion , ſeroit regardée comme non

avenue

M

LES Expofans nous ont repréfenté qu'en réfléchiffant fur la teneur invariable des Réglemens qui exclurent du Gouvernement municipal les Nobles ou *Généreux* jufqu'en 1601 ; fur les diftinctions établies par ce Réglement , entre les Nobles agrégés , *alors feulement* , au Corps municipal , & *les Bourgeois honorés parmi lefquels étoient compris les Docteurs en Droit* , aux termes du même Réglement ; il n'eft pas foutenable que les Bourgeois qui ont toujours formé un *Bras* ou ordre oppofé à celui des Nobles , dans la Communauté de Perpignan , puiffent être regardés comme étant eux-mêmes *Nobles & Chevaliers.*

QU'EN appliquant à la teneur des piéces que nous avons vérifiées , où qui ont été produites par les Parties , les décifions qui fe trouvent dans le corps des conftitutions de Catalogne , & celles des Tribunaux fouverains & des Jurifconfultes nationaux , rapportées dans le Mémoire donné au Public par les Expofans , on ne voit qu'un Roman de Nobleffe , dans le Livre des Recherches de l'Abbé Xaupi , un long tiffu de faux principes en matiére de Nobleffe , une longue chaîne de fuppofitions démenties par l'authenticité des monumens ; que cependant l'Auteur , dans le Mémoire anonyme fupprimé par ledit Arrêt du Confeil fouverain de Rouffillon du 29 Novembre 1768 , fait trophée des éloges qu'il a furpris

---

,, avoue en Efpagne " n'a fait que *venger une entreprife de l'Autorité eccléfiaftique fur l'Autorité royale* , & n'a nullement prononcé fur la prétendue Nobleffe des Bourgeois honorés. Le Défenfeur des Bourgeois heurte toujours de front la vérité.

dans certains Journaux , & ose dire que son livre a été cité par la Rote Romaine , *comme un ouvrage qui fait autorité.*

Que la Noblesse de Roussillon est intéressée à détruire l'illusion que cet ouvrage a fait où pourroit faire dans les Tribunaux qui ne peuvent vérifier les faussetés qui y sont contenues ; & que comme elle ne doute pas que Sa Majesté & son Conseil, en prononçant définitivement sur l'objet de l'ancienne Instance , & sur la réclamation de la Noblesse contre les dispositions de l'Édit de 1768 surprises par l'Agent des Bourgeois honorés , ne décide qu'ils n'ont aucun droit de s'arroger le titre ni la qualification de Nobles ; les Exposans croyent pouvoir supplier Sa Majesté de retirer le privilège accordé au Sr. Abbé Xaupi pour l'impression de son livre.

Que le Censeur royal qui l'a approuvé, a été induit en erreur par un Inventaire de Piéces justificatives , *d'imagination* , inféré à la suite du même Livre , que l'éloignement des dépôts ne lui a pas permis de vérifier.

En réunissant tous les différens chefs de leurs Conclusions , les Exposans déclarent conclure :

A ce qu'il plaise à Sa Majesté recevoir leurs très-humbles Représentations au sujet des dispositions de l'Édit du mois d'Août 1768 , portant Réglement pour l'Administration des Villes & Principaux Bourgs de Roussillon ; & réformant les Dispositions respectives des articles I , II , III , VIII , XII , XIII , XV , XVIII , XIX , LVI , LXXII, & LXXV ; soit quant à la qualification de CITOYENS NOBLES *donnée aux Bourgeois de Perpignan ;*

foit en ce qu'ils ont été défignés comme formant une DI-VISION DE NOBLESSE ; foit en ce qu'ils ont été autorifés à vérifier les Titres des Anoblis ou des Nobles étrangers qui s'établiroient à Perpignan ; foit en ce qui paroît avoir été fuppofé qu'ils avoient des prérogatives fupérieures à celles des Docteurs en Droit & autres jouiffans des prérogatives de la Nobleffe ; foit quant aux changemens faits à l'étiquette des Bourfes où ils ont été toujours confufément infaculés avec les Avocats, & à la formation des Confeils de Ville ; foit en ce qui a été déclaré que les Villes & Bourgs de la Province devoient être régis par les mêmes principes que la Ville de Perpignan ; foit en ce que les Membres de l'Ordre de la Nobleffe ont été affujettis aux fonctions municipales des autres Communautés que celle de Perpignan ; ordonner que fur tous ces points , toutes chofes feront remifes au même état où elles étoient avant ledit Édit de 1768 : fubfidiairement , où Sa Majefté trouveroit à propos de laiffer fubfifter les changemens faits à la formation des Confeils de Ville de Perpignan , & à l'étiquette des Bour-fes des Bourgeois ; permettre à l'Ordre de la Nobleffe de fe départir de la Tranfaction paffée entre cet Ordre & la Communauté de Perpignan le 19 Octobre 1601 , & de renoncer à l'adminiftration de la Ville , & à toutes les Charges municipales :

ET faifant droit définitivement fur l'objet de l'ancienne conteftation fubfiftante entre l'Ordre de la Nobleffe , celui des Avocats de Perpignan , & lefdits Bourgeois immatri-culés de la même Ville ; recevoir , en tant que de befoin , les Expofans oppofans à l'exécution de l'Arrêt du Confeil du 13 Septembre 1702 , & de tous autres rendus en conféquence , où leur Ordre n'a point été partie ; déclarer que le privilège des Bourgeois de Perpignan fe borne à une pure jouiffance perfonnelle des prérogatives de la Nobleffe ; & qu'il ne peut avoir aucun effet dans le Royaume hors de la Province de Rouffillon : faire très-expreffes inhibitions & défenfes auxdits Bourgeois de fe qualifier NOBLES, CHEVALIERS, ECUYERS, GENTILSHOMMES, CITOYENS ou BOURGEOIS NOBLES , de prendre à l'avenir aucune qualification de Nobleffe , ni d'autre qualité que celle de BOURGEOIS HONORABLES ou HONORÉS & IMMATRICULÉS de Perpignan ; & de porter des Armoiries timbrées ; le tout à peine de deux mille livres d'amende & d'être pourfuivis comme ufurpateurs des Titres de Nobleffe : faire défenfes , à tous Officiers de Juftice , Notaires & Tabellions de leur donner d'autres qualités que celles ci-deffus , à peine d'Interdiction : ordonner que toutes les qualifications de Nobleffe par eux prifes feront biffées , & les Timbres qui peuvent avoir été mis à leurs Armoiries , fans conceffion , lacérés & rompus :

RETIRER enfin le privilège accordé audit Sr. Abbé Xaupi , par les Lettres du 22 Juin 1763 & 18 Janvier 1764 , pour l'impreffion de fon Ouvrage , qui a pour titres, RECHERCHES HISTORIQUES SUR LA NOBLESSE DES CITOYENS HONORÉS DE PERPIGNAN ET DE BARCELONE, CONNUS SOUS LE NOM DE CITOYENS NOBLES : faire défenfes à tous Imprimeurs du Royaume de le réimprimer à l'avenir , & aux Libraires & toutes autres Perfonnes d'en introduire d'une impreffion étrangere, à peine de confifcation des exemplaires & de trois mille livres d'amende : permettre aux Expofans de faire impri-

mer & afficher dans toutes les Généralités du Royaume l'Arrêt qui interviendra ; & ordonner qu'à cet effet feront fur icelui toutes Lettres patentes néceffaires expédiées.

ET les Expofans ne cefferont de faire des vœux pour la confervation de Sa Majefté & pour la profpérité de fon Régne.

ENFIN, les Expofans nous ont fupplié de leur donner acte de leurs dires, obfervations, déclarations, productions & conclufions ci-deffus ; & en outre de leur accorder de nouveau défaut contre ledit Corps des Bourgeois honorables & immatriculés & fes Syndics, qui n'ont pas comparu en nôtre préfent Procès-verbal, quoique dûement affignés ; pour fervir & valoir aux Expofans, ainfi que de raifon ; & ont figné. *Signés*, Don ANTOINE de ROS, Don JEAN de ÇAGARRIGA, de BOQUET.

ET lefdits Bâtonnier & Commiffaires de l'ordre des Avocats ont déclaré adhérer aux obfervations, productions, & conclufions des Commiffaires de la Nobleffe, en ce qui peut intéreffer ledit Ordre des Avocats. *Signés* FOSSA, de VILAR - HAMS, A. JAUBERT, J. JAUME.

NOUS, premier Préfident, Intendant & Commiffaire fufdit, avons donné acte aux parties tant Expofantes, qu'adhérentes, de leurs dires, réquifitions, déclarations, adhéfions, obfervations, & conclufions ci-deffus. Avons pareillement accordé défaut à l'Ordre de la Nobleffe, & pour lui à fes Commiffaires, contre ledit Corps des Bourgeois ou Citoyens Nobles ; faute par lui ou fes Syndics de s'être préfentés, pour voir procéder aux vérification mentionnées dans notre Ordonnance du premier de ce mois, quoique dûëment assignés à cette fin; & avons du tout dressé le présent Procès-verbal, que nous avons signé avec toutes les Parties, en nôtre Hôtel, les jours, mois, & an que dessus. *Signés* BON, Don ANTOINE de ROS, Don JEAN de ÇAGARRIGA, de BOQUET, FOSSA, DE VILAR-HAMS, A. JAUBERT, J. JAUME.

Collationné sur l'Original déposé au Bureau de l'Intendance.

Signé, BON.

A PERPIGNAN,

Chez C. LE COMTE, Imprimeur-Libraire 1771.